JN084217

保健室の先生に聞く

気になるあの子、気になるあのこと

澤 栄美［著］

さくら社

◎はじめに

特別支援教育に関する講話などで「先生の『困った』は、実は子どもの『困った』であり、困っているのは子ども自身」というフレーズを聞かれたことがあると思います。これは、子どもを中心に置いた考え方であり、教師自身の姿勢をふり返るべきだというメッセージだと言えるでしょう。私もそのこと自体には、大いに賛同しています。

とは言え、現実として、学校現場で日々起こるできごとへの対応がうまくいかず、教師が「困っている」のも事実です。そこにきて、「困っているのは子どもなんだから、ちゃんとやってよ」と言われても、「自分なりに頑張ってやっているのに、どうしたらいいの？」と、さらに教師の「困り感」は、増していくのではないでしょうか。

保健室では、この教師の「困った」への助けを求められることが多くあります。また、本人はよかれと思っている対応がまずいため、結果的に保健室に事例が持ち込まれるということも少なくありません。

なぜ、対応がうまくいかないのか…。学校では、授業研究等についての研修は多く行われますが、それらに比べると、心理や発達等についての研修は少ないと言わざるを得ません。子ども理解の基礎となる大切な知識を十分持たず、教師の自己流や手探りで子どもの対応をしているのが現状なのです。

本書では、日々起こるできごとへの対応について、できるだけ多くの事例を挙げ、私自身の経験の中で得た知恵、そして、研修や書籍を通して学んだことを手がかりにして解説しました。まずは、自分が困っていること、気になっていることから読まれて結構です。そして、時間があれば、その他の事例も読んでみてください。それぞれは違う事例ですが、読み進めていく中で、対応のベースとして共通のものがあることに気づかれると思います。そのベースをしっかりと持つことで、困っている子どもや保護者の困り感への理解が深まり、結果として自分自身の困り感も減らすことができるでしょう。

澤 栄美

もくじ

I　特別な配慮を要する子ども

1 怒り

2 不適切な行動

3 コミュニケーションの課題

Ⅲ　保護者への対応

◇ 対応が難しい保護者

Ⅳ　教師の姿勢

特別な配慮を要する子ども

1 怒り
2 不適切な行動
3 コミュニケーションの課題
4 問題行動

解説◎発達の違いを頭に入れて認め育てる

怒り1

パニック

（興奮状態）

友だちとのトラブルがあって、あるいは思い通りに行かない何かがあって。理由はさまざまですが、感情が高ぶりパニックになって暴れる子どもがいます。なかなかおさまらないパニックにどう対処すればよいのでしょうか。

パニック状態の子どもの様子を思い出してください。顔は真っ赤になり、息が荒く、体中に力が入っていませんか。これは、パニック状態の子どもの脳が交感神経優位の状態にあるためです。ですから、パニックをおさめるには、まず交感神経の興奮を鎮める必要があります。

興奮状態の脳をおさめる
カームダウン法

刺激から遠ざける

とにかく離す

このような子どもは、ケンカや作業がうまく進まない等、さまざまな刺激（ストレス）が引き金となりパニックを起こします。そこで、最初にストレスの原因となっているものから物理的に離すことを第一に考えます。

ケンカの場合は双方に指導が必要ですが、たいてい本人の方が強く興奮しているので、相手の指導は後回しにして、まず本人を相手から引き離します。引き離すときには力ずくになることが多く、それもある意味では、ひとつのストレスと言えますが、とにかく刺激から離すことを優先します。

この時、「大丈夫、大丈夫」とか「どうしたの」「ほら、（いつものところに）行こうね」などと淡々と声をかけながら素早くその場から移動させます。このようなことを何度も繰り返して体験していくと、抵抗せず移動できるようにもなります。

仕切りのある空間で過ごさせる

刺激の元になる場所や状態から離れたら、カームダウン（落ち着かせる）用の場所に連れていきます。教室の隅などにスクリーン*などで仕切った狭い空間を作っておくとよいでしょう。もし別に使える部屋があれば、専用の部屋として確保し、その場合も、部屋の中に狭い空間を作ります。パニックを起こす子どもは、狭い空間を好むことが多いからです。

なお、カームダウン用の空間には余計なものを置かず、できるだけ刺激を少なくします。ただ、お気に入りの本などを置いておくと、意識の変化を促すことがありますので、試してみてください。また、図書室で本を読むと気持ちが落ち着く子どもも多く、ある程度落ち着いてから図書室に移動させるのもよいでしょう。
要は、刺激を遮断し自分の世界に入らせるようにすることです。

＊スクリーン：学校で検診の時に使うような、鉄パイプの枠に布が貼ってあるようなもの。特別支援の備品で、段ボール製の仕切りも商品として販売されています。

周りの子どもへの指導

パニックを起こしがちな子どもがいる場合、普段から学級の子どもたちに指導をしておくことも大切です。

「算数や国語が不得意な人がいるよね。それと同じで、○○君は、気持ちを落ち着けるのが得意じゃないんだよ。だから、練習が必要。みんなも協力してね」「興奮している時には、無理に止めないで、先生に相談してね」などと伝えておくことで、子どもたちは、パニックに必要以上に関わらずに、自分たちからスッと離れることができるようになります。

また、そのような行動ができた時に「ありがとう」「よくできたね」とその行動を認めることで、子どもたちは徐々にパニックを起こす子どもへの適切な対応が上手にできるようになります。そして、そのことが、対象の子どもが必要以上に興奮しないための大きな助けとなっていくのです。

なお、子どもたちに指導をする場合は、以下のことに配慮します。

- 事前に指導内容を当事者の保護者に知らせ、了解を得て行う。
- 欠席などで本人不在の時に、時間を取ってきちんとした形で話す。
- 普段から皆の前で、本人のよさをしっかりと認める場面を作る。

意識をそらす

パニックを起こす子どもには、思考の移り変わりが激しい子どもが多いように感じます。その特徴に働きかけ、「別の刺激を与えて意識をそらす」方法も試してみるとよいでしょう。

興味のある物を差し出す

興奮している時、その子が興味を持っている物を差し出すと、すっとパニックから抜け出すことがあります。いつもそのような物がそばにあるわけではありませんが、例えば壁新聞など、その場で子どもの興味がありそうなものが目についたら「あれ、この写真の車、何って名前だっけ？」などと声をかけることで、意識をそらすきっかけをつくることもできます。

興味のある話題をふる

「物」が準備できなければ、「そういえば、蝉の抜け殻、どうした？」など、最近その子が興味を持っている話題をふることで、気持ちを切り替えられることもあります。ただし、投げかける話題は、あくまで「その子が興味のあること」であり、どんな話題でも効果があるわけではありません。普段から、その子がどんなことに興味を持っているか、あるいは、最近どんなできごとがあったか等を知っておく必要があります。

別の「できごと」を作る

以前、パニックになっている子どもがけがをしていたため、「あ～、ここ、痛かったところだよね。消毒しておかないとバイキン入るね」と投げかけたら、それに気を取られて意識が変わったことがありました。

このように、何か別の「できごと」が意識をそらすのに効果をあらわすことがあります。そこで、意識を別の方にそらす状況を意図的に作ることも考えます。例えば、近くにあるバケツの水をこぼし、急いで拭かねばならない状況を作る。突然、部屋の照明を消してみる等、他の「できごと」を意図的に作り出すのです。それにより、「怒り」に集中している状態を他の方に向けるというわけです。

身体に働きかける

身体を冷やす

気持ちを鎮めるのに深呼吸や目を閉じることが効果的だということは、よく知られています。しかし、興奮状態の子どもにそれをさせるのは、容易ではありません。

そのような時に「鼻の頭や首筋を冷やす」「手や顔を洗う」等で身体を冷やすと、落ち着くことがあります。私はよく、興奮している子どもの首筋に冷却剤を当てた状態でカームダウン場所まで移動させていました。

本人が嫌がらないなら、移動後もしばらく首筋やおでこを冷やしておきます。誤飲をする危険性がないなら、冷たい水を飲ませるのもよいでしょう。

深呼吸をさせる

興奮が少し鎮まったら、深呼吸をさせます。呼吸は、吸うより吐く方を倍くらい長くします。また、吐くときには口をすぼめるようにして少しずつ息を吐き出します。私は、４拍吸って８拍吐くという呼吸法をさせてきました。

興奮時は「ハーハー」と荒い呼吸になっていますので、上手に呼吸が整えられるように「４つ吸って、８つ吐くんだよ」「イチ，ニ，サン，シ……」と声をかけ、背中を優しくさすりながら一緒に呼吸のリズムを作ってあげると効果的です。なお、呼吸をさせるときには、できれば目をつぶらせ、呼吸に集中できるようにします。

安心感を与える

身体を冷やしたり、呼吸をしたりして身体に働きかけるだけではなく、気持ちに働きかけることも大切です。「大丈夫、大丈夫」などと声をかけると、子どもに「ケアをしてもらっている」という安心感を与え、「あなたを責めているわけではない」といった態度で接することが本人の気持ちの安定にもつながっていきます。なお、興奮している時には、汚い言葉や攻撃的な言葉を吐いたりしますが、それを訂正したり説得したりせず、それらの言葉には反応しないようにします。

何かにつけキレてしまう子どもがいます。うまくいかないことがあると、いつも人のせいにして攻撃したり物を壊したりするのです。物事の捉え方がマイナス思考的だと思えるので説得しようと試みますが、「ああ言えばこう言う」状態になってしまいます。

人は、不安や怒り等のマイナス感情を持ったとき、それを言葉に表したり、自分なりの行動で気持ちを切りかえたりして乗り越えます。しかし、キレやすい子どもは「怒鳴る」「壊す」「暴力をふるう」などといったマイナスの表現方法しか持っていません。彼らには、よりよい方法を学ぶ機会が必要なのです。

マイナスサイクルの修正
アンガーマネジメントの活用

キレやすい子どもは、「マイナス感情→キレる→キレたことによる周囲との関係悪化→さらなるマイナス感情」といったマイナスサイクルに陥っています。このようなサイクルを、以下のような手順で根気強く変えていきます。

興奮を鎮め感情に寄り添う

興奮を鎮めることを優先する

興奮している時には、思考したり判断したりする脳の働きが抑制されているので、いくら説得しても効果はありません。まずは話ができるようにするために、感情の高ぶりを抑える必要があります。

キレたことの原因になっている相手や問題の起きた場所から移動し、その刺激から離れる。刺激の少ない環境に身を置く。身体を冷やす。深呼吸するなどの方法を使い、まずは感情を鎮めることを最優先に考えます(→ p.11 ～ 12)。

感情に寄り添う

キレている子どもは、腹が立ったできごとや相手について「バカ」とか「死んでしまえばいい」などといった暴言を吐くことがあります。

私たち大人は、そのような言葉に反応してつい「指導」をしたくなりますが、感情が高ぶっている時に言葉を訂正したり否定したりしてはいけません。また、このような子どもは、誰かを殴ったなど自分がした悪い行動を肯定するために「相手が悪かったから仕方ない」と自己中心的な発言をすることも多いです。しかし、このような間違った考え方に対する指導は後に回し、「そのくらい腹が立ったんだね」「そうか、くやしかったんだよね」と、まずは行動を引き起こした感情を受け止めるようにします。

できたことをほめる

感情がある程度鎮まってきたら「自分で気持ちを鎮めることができたね」とほめます。また、「この間より短い時間で落ち着くことができたね」などと声をかけて客観的に自分の状態を感じられるようにし、「自分の感情をコントロールできている」という自信を与えるようにします。

このようなことを何度も繰り返していくうちに、感情が高ぶった時には自分から保健室に来て、こちらが何もしなくても自分で気持ちを鎮め教室に戻ることができるようになった子どももいました。

一緒にできごとをふり返り、整理する

一連の流れを共感的に聞く

興奮が鎮まったところで、できごとの一連の流れをじっくりと聞きます。流れが視覚的にわかるように絵などに表していくのもよいでしょう。

「聞いてもらっている」と相手が感じるように、うなずいたり相づちを打ったりしながら、時には、「〜ということだね」「〜という意味？」などと確認しながら静かに聞いていきます。

途中、できごとを思い出して感情を高ぶらせることがありますが、どちらがよいとか悪いとかの話にならないように注意します。

なお、話は感情が鎮まったら、できるだけ早く聞くのがベストです。しかし、授業の関係等ですぐに聞けないこともあります。その場合には、当日の放課後など、できるだけ時間を空けないようにして聞くようにします。

「できごと」と「気持ち」を分けて整理する

話を聞くときには、順序立てて「何が起きたのか」「その時どんな気持ちだったのか」を丁寧に聞きながら、メモを取ります。この時、客観的な

「できごと」と本人の「気持ち」を分けて整理していきます。

なお、話の途中で、本人がとった行動を評価したり否定したりしてはいけません。否定されると話そうという気持ちがなくなるし、自分が責められるのを避けるため事実とは異なることを伝えてしまうからです。

また、子どもが自分を守るために嘘をつくこともあります。嘘をつくとつじつまが合わなくなることが多いので、その部分については、しっかりと確認します。また、周りにいた人にも確認することを伝えますが、この時、「嘘をついているだろう」といった態度ではなく、「興奮して覚えていないのかもね。見ていた人がいると思うから、後で確認してみようね」などと、あくまで本人を責めてはいないという態度で接します。

普段からの関係性を大切にする

人は、自分を否定する相手に、心を開くことはありません。時に子どもの行動に対して教師が「お前はいつもそうだ」「だから、ダメなんだよ」といった人格を否定するような言葉や、「友だちがいなくなるよ」といった脅かしのような言葉かけをするのを聞くことがあります。しかし、このような言葉かけは、心の成長を後退させることはあっても、前進させることはないのです。

普段から､小さなことや当たり前のことでもできたときにはほめ(認め)､できなかったことについては、根気強く「一緒に考えていく」といった姿勢で臨む必要があります。

ネガティブな捉え方を一緒に見直す

考えを修正し､よい行動を一緒に考える

聞き取りが済んだら、その内容をもとに、一つ一つのできごとの捉え方について点検していきます。キレやすい子どもは、できごとに対してマイナスな捉え方をしていることが多いので、その部分を見つけて「こんな考え方もある」と提案します。そして、考え方を修正することでよい結果が得られることを理解させます。例えば、「どうせ叱られると思った→キレた→実際怒られた」を、「叱られるかどうかはわからない→理由を伝える→わかってもらえる」に変えるということです。

自分の経験をもとに、答を与えない

大切なのは「一緒に考える」ということです。教師は、正しい答を与えたいと考えがちですが、子ども自身が「なるほど」と納得ができなければ、行動改善には結びつきません。特に「こうすればいい」と、教師のこれまでの経験から得た方法だけを提示するのはよくありません。

子どもの困り感を一緒に解決しようとしているのだという姿勢が伝わるようにし、「あなたは〜と思うのね。私はこう考えたらどうかなと思うけど、どう思う？」などと相談しながらよい方法を考えるという感じです。

成功体験を重ねさせる

考え方への修正ができたら、同じような状況になった時にその方法を生活の中で試し、うまくいったという体験を重ねることが大切です。

定期的にふり返りをして、うまくいったことは、「これができたね」と認め、できなかったことについては、さらに考え直してトライさせます。そのようなことを繰り返すことで、対応の選択肢が増え、自分自身で考え方や行動を少しずつコントロールできるようになります。

これらの方法を続け、教師との関係性ができてくると、本人が自分から「キレたときの避難場所」を作り、自分で感情を鎮めようとするようになります。そして、考え方や行動について自らふり返ろうとする姿が見られるようになります

怒り3

反抗的で挑発的な態度

自己中心的で、決められたルールを守ろうとしない子がいます。注意をすると自分の非を認めず他人のせいにする上、口論を仕掛けるなど大人への反抗的な態度も見られます。父親からは「自分の言うことは聞くのだから、学校の指導の仕方が悪い」と言われ、どうしたらいいのか対応に困ってしまいます。

多動で感情の調整がうまくいかないような特性を持つ子どもの中には、親からの頭ごなしの叱責や、暴力での抑制によって育てられてきた子どももいます。もしかしたら、この子どもも、父親に抑圧的に育てられたのかもしれません。もしそうであれば、この子どもは、心が傷ついている可能性があり、根気強く対応していく必要があります。

悪い行動でなく、よい行動に反応
叱責や否定は、状態を悪化させる

大人にわざと反抗的で挑発的な態度を取るような行動が見られるこどもは「反抗挑発症」という状態になっていることが考えられます。

抑圧的な養育をされたことが原因で、このような状態になっている子どもについては、親子関係の修復が必要で、専門家の介入を考えなければなりませんが、学校では、以下のような対応を根気強く行うことが求められます。少なくとも、大きな声での叱責や否定が、状態をますます悪化させることがあるということを、頭に入れておくべきです。

よい行動にのみ反応する

悪い行動には反応しない

挑発などの悪い行動にはできるだけ過剰に反応しないようにします。

そして、その行動への反省を求めるより、適切な行動を具体的に静かに知らせ、それができたらほめるようにします。例えば、物を乱暴に扱っていたら、「そんなに乱暴に扱ったらダメでしょう」ではなく、「これはこんな風に扱うんだよ」と正しい方法を具体的に示し、できたら「そうそう、その調子」などと言葉かけをして認めます。

よい行動をほめる

このような子どもは、常に否定され、ほめられることが少なかったと考えられます。ですから、ほめる機会を多く持つようにします。ほめると言っても、何でもかんでもやたらにほめるのではなく、できたことやよい行動を「認める」イメージで接するとよいでしょう。

ポイントとして、よい行動をしているときには、当たり前と思えることでも、すぐにほめることが大事です。ただ、このような子どもは非常に猜疑心が強いので、同じことをしても他の子どもはほめられず「自分だけがほめられる」ことにとても敏感で、それにより「自分を他より下に見ている」と否定的に捉えることがあります。他の子どもが同じ行動をした時にも、同じようにほめるよう注意が必要です。

また、他の子どもにはできないようなことができたときには、「○○ちゃんはすごいね」などと、できれば皆の前で大げさにほめるようにします。

専門家につなぐ

ソーシャルスキルトレーニング（SST）の実施

ソーシャルスキルトレーニング（SST：困ったときの対処や感情表現の仕方など社会性のトレーニング→参考文献 25）を行うことで、「できる」を増やし、できたことを認めていきます。前項で紹介したようなアンガーマネジメントを繰り返し行うことも社会性をつける一つの訓練になります。

できれば、SST のプログラムを参考に、定期的に時間をとって身につけさせていくことも試したいです。特別支援教育を専門としている教師はそのような指導法をよく知っていますから、そういった教師と話し合いながら、時間をとって指導することが理想です。

ペアレントトレーニング

子どもがこのような状態になる原因は、養育者である保護者の不適切な育て方にある場合も少なくありません。保護者がそのことに気づき、それを変えていくための行動を促すには、専門家の力を借りる必要があります。専門的な知識がない教師がそれを行うことはとても難しいからです。

学校の役割は、子どもの状態をしっかりと保護者に伝え、臨床心理士や専門の医師につなげることだと考えてください。そして、そのためには、学校や教師が保護者との信頼関係を築く必要があります。

保護者に子どもの様子を伝えるときには「子どもさんがこんな悪いことをしました」という連絡ではなく、「よい部分もある」ことを具体的に伝え、決して「学校が困っている」というスタンスにならないようにします。保護者との間に信頼関係ができてくれば、「子ども自身も困っている」「よい方向へつなげたい」という目的をしっかりと伝えて、専門家を紹介するようにするとよいでしょう。

【参考】反抗挑発症

以下の項目のうち、４つ以上が少なくとも半年以上見られると「反抗挑発症」と診断されます（米国精神医学界の診断基準 DMS-5）。

(1) しばしば癇癪を起こす
(2) しばしば大人と口論をする
(3) しばしば大人の要求、または規則に従うことを積極的に反抗、または拒否する
(4) しばしば故意に他人を怒らせる
(5) しばしば自分の失敗、不作法な振る舞いを他人のせいにする
(6) しばしば神経過敏、または他人からイライラさせられやすい
(7) しばしば怒り、腹を立てる
(8) しばしば意地悪で執念深い

子どもが「怒り」の感情を上手に処理できず暴力や暴言といった形で表す時、親や教師は、それを止めるために興奮している状態の子どもを叱りつけたり説得したりしようとします。しかし、残念ながらそのような方法はあまり効果がありません。

この項では、いくつかの「怒り」にまつわる事例とその対処について紹介しました。「怒り」という感情を、好んで起こしている子どもはいないということ、暴言や暴力は、子どもの辛さや困り感の表れだということを理解して対応していくことが大切です。

怒り 解説 怒りは、ストレスに対する生物的な反応

「怒り」は、何らかのストレスにさらされたときに起こる感情です。人には他者の感情に共鳴する仕組みが備わっていますから、対応する側も子どもの「怒り」に共鳴してしまいがちです。しかし、「怒り」に対し怒鳴って制することは、新たなストレスを加えることになり、逆効果と言えます。

そこで、まずは対応する側の教師が冷静になる必要があります。そして、怒っている状態の時には、子どもの脳が興奮しているということを頭に置き、それを鎮めることを優先します。

◎感情が高ぶっている時には、理性が働きにくい

怒っている時には、脳の感情を司る部分（大脳辺縁系）が活性化していて、適切な判断や思考を司る理性の部分（前頭前野）の働きが抑制されています。ですから、感情が高ぶっている時にいくら理を説いても効果は期待できません。子どもと「できごと」について話すのは、感情を支配する部分の興奮がおさまってからがよいのです。

また、考え方や、それに伴う行動を見直す際には、「〜すべき」と説得するのではなく、子どもと共によい方法を考えていくことが大切です。

◎感情は、物事の捉え方に影響される

同じことが起こっても、「怒り」の感情を持つ人とそうでない人がいます。それは、物事の捉え方の違いによるものだと考えられます。マイナス思考の傾向が強いとさまざまなできごとに過剰なマイナス反応を起こし、「怒り」の感情が起こりやすいのです。このような場合、アンガーマネジメントでも触れた「物事の捉え方」を変えていくような長期的な指導も求められるでしょう（→［怒り２］p.18）。

ただし、育ちの中で否定され抑制され続けてきた子どもについては、置かれている環境自体を変えることが必要な場合もあり、心理や福祉の専門家のアドバイスの下、適切に進めなければなりません。（→参考文献 7,8）

不適切な行動1

授業中の立ち歩き

落ち着きがなく、授業中に離席する（勝手に席を離れる）子どもがいます。教室を出て行ったりすることもあれば、他の子どもの作業を邪魔したりすることもあるので困っています。作業にちゃんと取り組む時もありますが、いつもできるわけではありません。

その子どもが席を離れるのはどんな時でしょうか。逆に、席に着いて集中している時はどんな時でしょうか。子どもが席を離れるのには、何らかの理由（原因）があります。子どもの行動の特徴を知り、その特徴に合った工夫をすることが大切です。

離席には理由がある
原因を見極め、その子に合った対応を

離席のきっかけをつかむ

子どもの不得意を知る（記録を取り、分析する）

子どもが離席するのは、置かれた状況がその子にとって退屈であったり、理解できずに取り組めなかったりする時ではないでしょうか。例えば、自分の気持ちをうまく表現できず何を言っていいのかわからない、読み取りが不得意で黒板の文字を書き写すのが苦手など、不得意なことがあると、そこから逃げるために席を離れたり、友だちの邪魔をしたりしてしまうのかもしれません。

どんな時に離席をするのか、逆にどんな時には離席しないのかを記録して発達の専門家に分析してもらうと、その原因が見つけられるでしょう。

じっとしていられない

このような子どもは、自然に身体が動いてしまったり興味がさまざまな方向に向いてしまったりする傾向があります。心も体も「じっとしていられない」のです。まずはそれを理解することが大切です。

また、このような子どもは刺激に反応しやすく、意識がいろいろなところに移ってしまうので、子どもから見える範囲、特に黒板周囲への興味をひきやすい掲示は NG です。

また、座席も周りの子どもの動きや教室の備品等、多くの物が見えすぎて集中できにくい位置になっていないでしょうか。黒板周辺をスッキリさせるだけでなく、刺激の少ない位置を確保するなどの工夫も必要です。

中には、何かを触っていると落ち着く子どももいます。それは、輪ゴムであったり、練り消しゴムであったりと、いろいろと考えられますが、作業の邪魔にならないものを本人と相談の上、持たせてもよいでしょう。

みんな同じにはできないという発想から

多くの子どもにできることができないと、「他の子はできるのに、なぜ？」と考えがちです。それは「この年齢ならこれができるはず」との思い込みによるものです。子どもの発達の型や速度には、それぞれ違いがあります。聞くことでの理解より見ることでの理解の方が得意な子どもがいたり、順番に見て理解するより全体像を見て捉えるのが得意な子がいたりと、一人一人の認知の特徴や発達の仕方に違いがあることを知っておく必要があります（→ p.202 ～ 203）。

離席に合法性を持たせる

特別支援教育の講話で「合法的離席」という言葉を聞き、「なるほど」と思いました。「合法的離席」とは、認められた立ち歩きの機会を作るという意味です。

バラエティにとんだ活動を準備する

ほとんどの子どもは、授業中に黙って教師の話を聞くことができます。しかし、他の子と同じようにできず、話を聞くのが不得意な子どもがいるのも事実です。そのような子どもに「座りなさい」「話を聞きなさい」と注意しても、効果は一瞬。すぐに同じことを繰り返してしまうでしょう。

そこで、学習形態を少し工夫してみます。ペアやグループでの話し合いや席を移動して行う作業など、じっと座っていなくていい活動を取り入れると、集中の時間が短い子でも無理なく参加できるようになります。

動いてもいい係を作る

授業中にプリントを配付する、教具を取りに行く等、席を離れて行う仕事（係）を任せるのもいい方法です。長時間集中することが難しい子どもは、作業を一旦リセットすることで気持ちを入れ替えることができるからです。係の仕事のために立ち歩くのですから、他の子どもたちから、非難を受けることもありません。プリントを回収する係、事務室に足りない物を取りに行く係など、工夫次第でさまざまな係を作ることができます。

なお、事務室などに行くために教室を出る場合は、事前に職員に話をして共通理解を図っておくようにします。また、係として事務室などを訪れたときに「ありがとう」「頑張っているね」などの温かい声かけをお願いしておくと、自己有能感の高まりにもつながります。

見通しを示す

このような子どもは、見通しが見えないことに苛立つ傾向があります。「いつまで、これをやればいいか」「どの位やればいいのか」を活動の前に明示しておくことが大切です。例えば、以下のような工夫が考えられます。

- **黒板に、その時間のおおよその流れを提示し、活動前に確認する。**
- **終わった学習活動にチェックを入れたり消したりして、残りの活動がどれだけあるか、確認できるようにする。**
- **事前に作業時間を知らせ、タイマーで残り時間を確認できるようにする。**
- **起こる可能性のある不都合（ゲームで負けることもある等）について事前に知らせておく。**

よさを伸ばす

一緒に考える

先に紹介した集中のための工夫が、どの子にもフィットするわけではありません。その子どもに合った方法を提案し、本人納得の上で取り組ませることが大切です。ただ、小学校低学年だと「特別な係」を喜ぶ子どもが多いのですが、高学年になると特別扱いを嫌う子どもも出てきます。まずは、離席のために生じる不都合（自分自身の学習が進まない、他の子どもとの関係が悪くなる等）について客観的に考える時間を取り、特別な方法でそれを避けることが、本人にとりプラスになることを納得させる必要があります。その上で、できそうな方法を本人と一緒に考えるようにします。

普通（当たり前）と思ってもほめる

できたことをほめるのは、よい行動を強化していくのに大きな効果がありますが、ほめ方によっては、十分な効果が期待できないこともあります。例えば、時間が経ってから「あの時は○○ができてよかった」と言っても、本人にとっては過去のこと。他に注意が向いている時にそれを言われても心に響きません。以下のようなほめ方を頭に入れておくとよいでしょう。

- **できるだけ具体的にほめる。（「頑張ってるね」→「机を丁寧に拭けたね」）**
- **行動しているうちにほめる。（「～しているんだね」「～できてるね」）**
- **よい行動の兆候が見えた段階でほめる。（「～するんだね」）**
- **皆の前で、名前を言ってほめる。**

他と比較してできているとか、全体から見てレベルが上だとかでほめるのではなく、「（他の子どもにもできる）普通だと思える言動でもほめる」ようにします。その子どもの成長に対する評価が、キチンとされることが大切なのです。また、「席に着いてるね」「黒板を写してるね」のように、「事実」を“実況中継”するだけでも効果があると言われています。

「できる」を増やす

できたことに対してご褒美を与えることも効果的です。ご褒美は、物（シール、スタンプ等）でなくても、本人の好きな活動（「これできたら○○ができる」等）でもＯＫですが、自分自身の成長を感じられるように、できたことが視覚的にわかるなど、実感として受け取れるような工夫をすると、よい行動がさらに強化されるでしょう。例えば、できた時にシールを貼るための「がんばりカード」を準備することなどが考えられます。

また、「シールが 10 個になったら○○ができる」等、ごほうびとしての活動と組み合わせることで、楽しく取り組めるでしょう。家庭と連携して、学校でできたことが、家庭でもほめられるように連絡帳形式にするのも効果的です。

不適切な行動2

いけない行動を、わざとする

注意されるようなことを、わざとのようにする子どもがいます。何度注意 しても、その行動を繰り返すのです。その行動によって周りが困る様子や 注意されることを楽しんでいるようにも見えます。

その行動は、子どもにとって何らかの利益につながっていないでしょうか。例えば、それをすることで、やりたくない作業が中断される、あるいは自分に注目が集まるなど、結果的に自分の欲求が満たされるような結果が起こるため、その行動をしている可能性があります。逆に、よい行動で欲求が満たされるように置き換えてやることが大切です。

注目獲得行動
よい行動に反応し、行動を置き換える

悪い行動に反応しない

行動の意味を考える

以前出会った社会性やコミュニケーションに課題を持つ子どもが、廊下を歩く時、大きな足音を立てる行動を繰り返していました。特に、職員室前や教室など、人がいる場所でその行動を繰り返すのです。その行動を見た先生や同級生は、当然「大きな音を立てたらダメだよ」と注意します。しかし、その子どもは、ニコニコしながら「は〜い」と言って、何度も、その行動を繰り返します。

大きな足音を立てることには、その子にとって「他者とのコミュニケーションができる」という利点があったのです。つ まり、それは、周りの注目を浴びるための「注目獲得行動」だったのだと 考えられます。

共通実践で、行動を減らす

子どもがしている行動が何らかの注目を獲得するための行動であれば、「よくない行動→求める結果」という流れを変えるようにします。先の例では、足音を立てることが、その子どもが求めている「他から反応してもらえる」という結果につながっています。そこで、求める結果が起こらないようにする。つまり、足音を立てても反応しないようにするのです。

なお、この対応は、その子どもに関わる全ての人間が一様に行うことが必要で、その子がよくない行動をしても、誰も反応しないようにします。少しでも反応する人がいれば、その人の前では、やはり足音を立てるし、他の人の前でも続ける可能性が高いからです。

根気強く対応する

周りがよくない行動に反応しなくなると、それまでできていた「よくない行動をすると自分の望む結果が得られる」という流れが崩れてしまいます。そのため、子どもは、反応してもらおうと、これまで以上にその行動をするようになります。それで、周りは、「反応しなくても効果がない」と考えてしまいがちです。

しかし、これは“消去沸騰”と言われる状態であり、このような対応をすると必ず起こるものです。消去沸騰状態に負けずに対応を続けていると、子どもは「これをしても、自分が求めている結果が得られない」ことを認識し、少しずつ行動をしなくなります。

実際、先に挙げた例でも、皆で徹底して反応しなくなったら、足音を立てること はなくなりました。

よい行動に置き換える

よい行動に反応する

悪い行動を取り除くのと同時に、悪い行動をよい行動に置き換えていきます。つまり、「よくない行動→求める結果」を、「よい行動→求める結果」に置き換えるようにするのです。

再度、先の例で考えてみましょう。静かに歩いてるときに、「○○さん、静かに歩けているね」と声をかけたり、行動する前に「○○さん、静かに歩こうとしてるから偉いね」と声をかけたりすることで、静かに歩くという行動が、段々強化されていきます。

取り組みの途中、試すように足音を立ててみたりすることがありますが、そこには一切反応せず、静かに歩くことだけに反応するようにします。よい行動への置き換えにも、よくない行動を消去するのと同じく根気がいるのです。

起こらない条件（先行刺激）を整える

P.31~32 で述べたような、起こった行動に対する周囲の反応のことを、その行動に対する「後続刺激」と言います。それに対し、行動に影響を与える条件 (環境) のことを「先行刺激」と言います。悪い行動が起こらないようにするには、その子どもの困り感をカバーするような「先行刺激」を工夫することが大切です。例えば、その子どもの困り感に合わせて視覚的な教材を準備するとか、わかりやすい指示の工夫をするなどの手立てが考えられるでしょう。なお、適切な手立てを考えるためには、どんな時にその行動が起こるのかについての分析が必要です。一つの事例を通して考えてみましょう。

小学校中学年の子どもが、授業妨害をするという事例です。

その子どもは、教師が板書する際に、決まって話し出していました。それにつられて他の子どもたちも話し出し、授業が中断してしてしまうというのです。

困った担任から相談があり、専門家が入って、学級での行動観察や発達検査などの専門的な見立てを行った結果、その子どもには読むことや書くことの障害があることがわかりました。板書が始まると喋り出すのは、板書を書き写すことが不得意であるため、そのことから逃れる行為だったのだと考えられました。

専門家からのアドバイスで、その子どもには、読み書きに関する個別指導と板書時の支援が加えられました。その後、妨害行為は無くなったといいます。子どもが授業についていくための条件が整えられたため、自分にとって嫌な状況を回避する行動をとる必要が無くなったのだと思われます。

いずれにしても、行動の起こるきっかけ、行動したことによって起こる状況など、子どもの行動をしっかりと観察し、その行動が起こる原因に目を向けて、適切な対応を取ることが大切だと言えるでしょう。

不適切な行動3

しゃべり続ける

授業中、常にしゃべっている子どもがいます。教師の問いについてじっくり考えず、あるいは、最後まで指示を聞かずに反応するので、他の子どもたちの思考の邪魔になることもあります。また、自分が指名されないと腹を立て､文句を言い出すことも度々あります。

衝動性や多動傾向が強い子どもの中には、思ったことがすぐに口に出てしまう子どもが多くいます。また、中には、言われたことを長く頭に留めておくことが難しいという特徴があるため、教師からの注意が頭に残らない子どももいるのです。ですから、そのような特徴に配慮した指示の仕方や学習活動形態を工夫する必要があります。

ルールを学ばせる
具体的に、根気強く

ルールを教える

具体的に教える

　このような子どもは、ほとんどの子どもが生活経験の中で身につけてきた決まりごとが身についていないのだと考えるとよいでしょう。例えば、「他の人が話している時は、邪魔しない」とか「話を最後まで聞いてから、行動する」といった人間関係に関わる決まりごとは、多くの子どもが、ある程度の年齢になるまでに経験を通して身につけていきます。しかし、このような子どもは、それができていない。あるいは、頭の隅では知っていても、話したいという衝動の方が勝ってしまうのかもしれません。
「この学年だから」「他の子どもができるから」といって、当然できると考えるのではなく、適切な行動を具体的に教えていくことが大切です。例えば、教師の話を聞かないのであれば、「他の人の迷惑にならないように」というような抽象的な言い方ではなく、話す前に「これから、先生が話をします。先生がいいと言うまで、しゃべらないでください」と具体的に指示をします。また、他の子どもの発言の邪魔をすることに対しては、話す順番を最初に決め、順番が来てから話すなどといったルールを示すとよいでしょう。
　ただ、このような子どもは、指示されたことをすぐに忘れてしまうといった特徴を持っている場合もあります。それを前提とするならば、黒板など、目につく場所に指示内容を書いておくなどの工夫も併せてするとよいでしょう。

叱らず、よい行動に反応する

　好ましくない子どもの言動に対して、厳しい言い方や大声での制止をすると、子どもがその行動をやめることがあります。一見、効果があるような感じがしますが、それは一時的な効果でしかありません。その時間が過ぎれば、子どもはまた同じ言動を繰り返すでしょう。大事なのは、その場その場で好ましくない言動をなくすことではなく、子ども自身が、自分でよい行動を身につけていくことなのです。

また、このような子どもは、小さい頃から自分では理解できない良し悪し（自分では自覚していないこと）で叱られる経験を何度もしてきていることが多く、自尊感情が低くなっていると考えられます。そのため、叱られることへの不安感や嫌悪感を持っていることも少なくありません。特に厳しい叱責は、マイナスにしか働かないと言っていいでしょう。好ましくない言動をした時よりも、よい言動をした時に反応するように心がけることが大切です（→［怒り３］p.21 ～ 22）。

サインを決める

人が行動をする時、一つのことを頭に置いて他の思考をしなければならないことがあります。例えば、買い物の支払いをする時に、お店の人から買ったものの合計金額を聞き、一時的に頭の中で記憶。手持ちのお金がいくらあるか数えた後、記憶しておいた金額に十分なお金を支払うということです。このような一時的に情報を記憶に留める機能をワーキングメモリーといいます。

多動傾向や衝動性の強い子どもは、このワーキングメモリーの力が弱く、別のことをしているうちに前のことを忘れてしまうといった特徴を持っている場合があります。そのため、教師の指示をしばらくすると忘れてしまい、指示が守れないことがあるのです。

ですから、このような子どもには、例えば、事前に準備した「喋らない」という文字カードや絵カードを示し、思い出させるようにするといった工夫をするとよいでしょう。カード類は全員に共通する合図にしてもよいですが、その子どもだけに示す方法もあります。ただ、中には、個別の合図に対して「自分だけが注意される」と感じてしまう子どももいるので、本人と話し合い、本人納得の上で、指示を思い出させる方法を考えるようにします。例えば、小さなカードを準備し、おしゃべりが始まったら、机にそっと置く。あるいは、その子にだけわかる合図をする（指で示す等）などの方法が考えられます。

学習形態を工夫する

発表のルールを決める

衝動性が高いため、自分がしたいと思ったことをすぐにしてしまうのが、このような子どもの特徴です。ですから、教師の話の途中でも、周りに配慮せずに発言してしまうのです。

このようなことを防ぐには、まず、学級で「発表のルール」を決めておくとよいでしょう。例えば「先生の説明は、最後まで聞く」「発言は手を挙げて、当たってから話す」「友だちが話しているときは、黙って聞く」など当たり前のことだとしても、学習のルールとして明文化しておきます。

しかし、それが、すぐにできないのがこのような子どもの特徴です。もし、教師の指示の途中でしゃべり出したり、友だちの発言を遮ったりしたら、「ルールを守っていないでしょ！」と否定するのではなく、「今は説明を聞く時間（友だちが話す順番）ですね」など、ルールを思い出させるようにします。

また、ちゃんとできている時はもちろん、努力しようとしている姿が見られるときには、それを見逃さないようにして、「ちゃんとできたね」とか「自分で気づいたね」などと伝え、よい行動を強化していくことが大切です（→参考文献 30）。

協同学習の技法を活用する

多動傾向がある子どもは、じっとしていることが苦手です。教師の説明を聞くといった学習形態だけではなく、子どもたちが能動的に活動できるような学習形態を工夫をするとよいでしょう。

そこで、取り入れたいのが「仲間と学び合い、教え合うことによって学びは深まる」という考え方を大切にした協同学習（→参考文献9,12,15）です。協同学習では、さまざまなタイプの子どもが学級にいることを前提として、どの子も同じように学習に参加するための技法が数多く準備されています。また、それぞれの技法には決まりがあり、子どもたちが、その決まりに沿って対話することができるので、一部の子どもだけが発言するといった状況を減らすことができます。

基本的な技法を３つ紹介します。

■シンクペアシェア

1．全員に、話し合う課題を提示する
2．課題について、一人一人の考えをまとめる時間を取る
3．交替で、自分の考えをペア相手に伝える
4．相手が話しているときには、聞き役に徹する
5．話し合った内容をまとめ、発表する

シンクペアシェアの発展形として、一旦自分の考えを書いてから伝え合うライトペアシェアや、一人一人の話す持ち時間を予め決めておき、時間が来たら交代するタイムドペアシェアなどもあります。

■スリーステップ・インタビュー

1．４人グループをつくり、２つのペアになる
2．インタビューテーマについて、一人で考えをまとめる
3．ペアで、テーマについて交互にインタビューする
4．ペア相手から聞いた内容を、もう一つのペアにそれぞれ伝える
5．グループで自由に話し合い、その内容を全体にシェアする

■ラウンドロビン

1．全員に質問（課題）を提示する
2．質問（課題）について一人で考える
3．グループ内で順番に考えを述べる
（ほぼ同じ時間を使って、時間内に何巡もする）
4．クラス全員で考え（答え）をシェアする

不適切な行動 解説 「行動」の意味を分析し対応する

行動の背景には、理由があります。子どもが不適切な行動をするのはどんな時で、逆に適切な行動ができるのはどんな時でしょうか。私たちは、子どもの悪い行動に注目し、それを矯正することに拘っていないでしょうか。しかし、その行動の持つ意味を分析してみると、よい行動に注目し、それを伸ばすことの方が遙かに効果的だということがわかります。

◉どんな時に不適切な行動が起きるのか分析し、環境を整える

人は、刺激や情報を受け取って、それに応じた行動をしています。例えば、暑いと感じたから窓を開ける、小さな文字が見えにくいから前に移動して見るといったことです。つまり、暑くなければ窓も開けないし、文字が見えていれば前に移動することはありません。

子どもたちの不適切な行動に、置き換えてみましょう。不適切な行動を起こさないような条件（環境）が整えられていたら、その行動は起きないのではないでしょうか。不適切な行動に対して「他の子はできるのに、この子はダメだ」「言ってもわからない」と諦めるのではなく、その子が不適切な行動をしないような条件（環境）を整えることが大切なのです(→ p.33)。

具体的にはこの項で紹介した黒板周辺の整理、見通しの提示、活動の工夫など、その子どもの特性に応じた環境の整備や手立てを行います。

◉行動に対してどのように対応をしているかふり返る

行動が起きた後の指導者の反応も、その後の行動に大きな影響を与えます。子どもが適切でない行動（例えば、授業中のおしゃべり）をした時に、「静かにしろ！」と怒鳴ったとします。一瞬、その行動は止まるかもしれませんが、嫌な記憶として残ります。さらに、それが繰り返されると、相手に対して拒否的な感情が生まれ、反抗的な態度や無視といったさらなる別の不適切な行動が起きるかもしれません。

また、その行動をすることが子どもの得になる結果につながっている場合（例えば、しゃべると授業が止まる等)、同じことを繰り返すかもしれません。嫌な感情につながる反応、あるいは、不適切な行動を強化するような（本人が得をするような）反応ではなく、適切な行動の方に注目し、プラスの反応をすることで、結果として不適切な行動は減っていくのです(具体的な事例・対応をp.31 ～ 32に紹介しています)。

◉子どもの困り感を知り、対応する

授業中に不必要なおしゃべり、離席、妨害などをしてしまう子どもの中には、発達の課題を抱えている子も少なくないと考えられます。教師は教育の専門家として、その子どもがどんな特性を持っていて、その特性がどんな行動につながる可能性があるのかについてしっかりと理解する必要があります。

「標準」に合わせて子どもを見ると、「他の子どもたちはできているのに」「○才なら、これができて当たり前」と、その子どもを否定的に見てしまいます。子どもの発達の仕方や速度が、みんな違うことを頭に入れましょう。そして、その子どもがどんな困り感を持っている可能性があるかを考え、子どもと共に適切な行動ができる方法を考えていくことで、教師側の困り感もなくなっていくでしょう。

コミュニケーションの課題1
しゃべらない

あまりしゃべらない子どもがいます。学級では、一定の友だちとはしゃべっていますが、ごく一部に限られています。また、日直の司会などの決められたフレーズについては、小さい声ですが、ちゃんと言えます。しかし、授業や学級の活動での自発的な発言はほぼありません。

その子どもがしゃべるのは、どんな時でしょうか。家庭の中や仲のいい友だちといる時など、「安心できる」という共通の背景がある時ではないでしょうか。このような子どもは、コミュニケーションの不得意さを抱えているため、言葉によるコミュニケーションに不安を持っている可能性があります。その不安を軽減するような働きかけが必要です。

「安心」を与える対応を
多様なコミュニケーションを認める

不得意さを認め、可能な部分に働きかける

観察する（得意な部分、助ける子ども）

まず、その子どもにはコミュニケーションの不得意さがあるのだという前提で、子どものありのままを受け入れることが大切です。誰もがみんな、同じように話すことが得意ではないのです。そして何より、本人もうまく話せないことに苦しんでいる可能性があることを頭に入れましょう。

ただ、そのままにしておいていいかというと、話は別です。会話ができなければ、社会に出てから困る場面が出てくるでしょう。ですから、本人の不安を取り除きつつ、自分なりの伝達方法を少しずつ身につけていけるようにしなければなりません。

まず、その子どもがどんな時にしゃべるのか、しっかりと観察をしてみましょう。「家ではしゃべる」「一部の友だちとはしゃべる」「少ない人数ではしゃべる」など、じっくり観察をしてみると、その子どもの安心領域がわかると思います。まずは、そこから切り拓いていく方法を考えてはいかがでしょうか。例えば、できるだけ安心できる友だちと一緒に活動させるとか、少人数での活動場面を作るなどの工夫が考えられるでしょう。また、何か得意なものや興味のあるものがあれば、それを話題にして話をしてみるのも一つの方法です。

「その子どもにできる方法」を試す

多くの子どもは、何かを聞かれたら、言葉で返すことができます。しかし、このような子どもは返したい気持ちを持っていても、それを音声として言葉にすることに困難さを抱えているのかもしれません。話さないのなら、思いや考えを別の方法で伝える工夫もできるのではないでしょうか。

私が出会った子どもとのエピソードを二つ紹介します。

一つ目は、筆談でのやり取りです。友だちとの関係で困っている子どもからの聞き取りを、担任から依頼された時のことです。その子どもは、何を聞いても首を動かして答えるか、小さな声で単語程度の言葉を発するだけで、なかなか詳しく聞き取ることができません。

そこで、聞き取り内容をまとめるための記録用紙に、いくつかの選択肢を書いて、指さしてもらう方法を試してみました。その方法だと、一つの質問に対して「はい」「いいえ」と答えるより、多くの情報が得られると思ったのです。本人も、それまでに比べ気持ちが伝わっていると感じているようでした。その後「もう少し詳しく知りたいから書いてみて」と言うと、その子はサラサラと友だちとのやり取りの詳しい様子や自分の気持ちを書き出したのです。

もう一つはパソコンを介して会話が成り立つことを経験した事例です。

登校をしぶって教室に行けない子どもを、とりあえず適応指導教室に連れて行った時のことです。適応指導教室の担当者が気持ちをほぐすためにパソコンを立ち上げ、そこに、たわいもない質問を書きました。すると、その子どもは、パソコン上でその質問に答え、その後もパソコンを介して会話ができたのです。

これらの事例は、面と向かって言葉を発することが難しくても、何らかの媒体があると、自分の思いや考えを伝えることができるということを気づかせてくれました。他にも、表情カードなどを準備して気持ちを選ばせるなど、しゃべること以外での伝達方法はいろいろと考えられるのではないでしょうか。

いずれにしても、さまざまな形でコミュニケーションをとることで、声を出さなくても認めてもらえるという安心感が与えられるのは間違いないでしょう。また、その安心感が、少しずつ「ちょっとくらい大きな集団でも活動できる」「声を出して話しても大丈夫」という自信につながっていくと考えます。

スモールステップで取り組む

不安げな子どもに「こうしたらいいよ」「こうすると、楽しいよ」などと自分の経験や価値を基準にして提案をすることはありませんか。そしてその言葉かけで､子どもが固まってしまったという経験はないでしょうか。

もし、そうであれば、その「励まし」は、却って本人を苦しめたのかもしれません。本人は、それができないから苦しんでいるのであって、このような「励まし」は、「他の人にはできることができていない」と、自分を責めてしまうことにつながりかねません。

では、どうしたらいいのか。大切なのは、本人に決めさせることです。みんなと同じではなく、「あなたはあなたの方法でいいよ」というスタンスで、その子ができることを自分で決めて取り組ませるのです。ただ、子どもが自分でその方法を考えるのは難しいと思います。教師側から、いくつかの選択肢を提示し、その中から選ばせるとよいでしょう。

例えば、自分の考えをまとめ、それを班で紹介し合った後に全体で発表するという活動があるとします。その場合、まず全体の前での発表はしないという前提の参加方法として、

①自分の考えを書くだけ

②書いたものを自分で読まずに班の皆に読んでもらう

③班の中で、自分が書いたものを自分で読む

④友だちの考えを聞いて、一つだけ感想を言う

などの段階を提示して、その中から選んでもらいます。

選んだものが、①だったとしても、それは、その子ができる今の精一杯なのだということを認め、無理なく気長にスモールステップで進めていくことが大事です。また、その子どもなりの頑張りを認めることも忘れないようにします。

学習形態の工夫と配慮

その子どもだけへの配慮には、限界があります。また、「特別扱い」が気になって、その子が他の子どもたちの目を気にして、逆に不安を感じてしまう場合もあります。そこで、全てでなくてもいいので、日頃の活動や学習形態において、クラス全員に「しゃべらないでもいい活動」を取り入れるとよいでしょう。

例えば、返事や意思表明は声でなく挙手で行う。意見は付箋紙に書いて提示する。読むときはペアで読む。協同学習のシンクペアシェア（→［不適切な行動３］p.38）にひと工夫を加え、自分の考えを書いた後、それを伝え合うライトペアシェアの技法を使う。他にも、工夫次第で「声を必要としない活動」は、たくさん考えることができるでしょう。

友だち関係

多くの場合、その子がしゃべらないことについて、周りの子どもたちは自然に受け入れていることが多いようです。しかし、しゃべらないことに対して「あの子はおかしい」と差別的な態度をとったり、特別な配慮に対して「特別扱いしている」などと批判したりする子どもが出てくる場合もあります。

そのような多様性を認めないような言動がないか、日頃からしっかりと観察しておく必要があります。その子どもと仲のいい子に、教師の目の届かない場面での様子を時々聞いてみるのもいいでしょう。また、子どもと教師がやりとりする連絡ノートなども活用できるでしょう。

もし、悪口やいじめの事例に気づいた場合は、その言動を行っている子どもに対して、個別にしっかりと話を聞き、さまざまなタイプの友だちがいることや、それぞれがそれぞれのやり方で頑張っていることへの理解を促すような働きかけをします。

何より、子どもにとって日頃の教師の態度が一番のお手本だということを頭に入れてください。教師自身が一人一人を大切にした言葉かけを心がけ、学級の支持的風土作りに努力することが大切です。

連携する

縦の連携を大切にする

このような子どもだけではなく、配慮の必要な子どもについては、それまでの対応や変化に関する申し送りを確実にする必要があります。発達の課題について診断が出ている子どもやその疑いがある子どもについては、どの学校でも「個別の教育計画」や「個別の指導計画」が作られていると思います。しかし、おとなしく目立たない子どもの困り感については、どこかで気になりながらも後回しになっていることが多く、見落とされがちです。

子どもの困り感に気づいた時点で、早めに前担任などにこれまでの様子や効果のあった関わりについて聞き、0（ゼロ）からスタートする指導ではなく、効果のある取り組みの継続ができるようにします。

また、自身の取り組みについても、効果的だと思えるものは継続して取り組めるよう記録に残しておくとよいでしょう。

家庭とつながる

誰しも、新しい環境や慣れない環境には、不安を感じるものです。ただ、このような子どもは、他の人の何倍も不安を感じてしまうのだと思ってください。少しでも不安を軽減するために、保護者としっかりつながる必要があります。

具体的には、新しい活動の前や日頃と違った行事などがある場合などに、どんなことが行われるのかを事前に知らせたり、対処法を話し合ったりすることなどが考えられるでしょう。また、保護者との連絡ノートを作り、それを通して子どもの様子を知ることは、教師が子どものことを知り、適切な対応を考えることができるだけではなく、「しっかりと自分を（自分の子どもを）見てもらっている」という本人や親の安心にもつながっていきます。

専門機関とつながる

前述のように、学校と家庭が連携してできる支援には大きな効果が期待できます。また、互いに協力し合いながらそのような支援を続けることで、徐々に保護者との信頼関係もできていきます。そして、信頼関係ができたところで、専門機関への相談についても話題にしていきます。

その際、学校にスクールカウンセラーがいれば、保護者との面談を設定し、スクールカウンセラーから状況を判断してもらった上で、相談機関や医療機関につないでいく形をとるとよいでしょう。教師からの提案より、スクールカウンセラーからの提案という方が、「専門家からの助言だから」と、保護者の納得が得られやすいからです。

専門機関につながることは、子どもの過度な不安がどこから来ているのかという原因の発見に結びつきます（発達障害がベースにある場合もあります。また、家庭の養育の問題が見つかることもあります）。

そして、その原因に沿った適切な対応ができれば、不登校や将来の不安障害、引きこもりなどの社会不適応を防ぐことにもつながっていくことが期待できます。

コミュニケーションの課題2

無気力

授業中、なかなか学習に参加しない子どもがいます。休み時間や体育の時間は元気に活動していますが、教室で学習をする際には、人が変わったかのようにやる気をみせないのです。「がんばろう」と伝えても、「どうせ、自分はできない」と、やろうとしません。

やってごらん
できるはず
だよ
だって
どうせ
できないよ

その子どもには、学習をする上での苦手はないでしょうか。苦手があることを理解されないまま過ごし「他のみんなと同じようにできない」を繰り返し経験して、「自分はダメなんだ」と、あきらめているのかもしれません。その子の特性に合った指示や学習スタイルを工夫し、「わかる」を実感させることが、その子を前向きに変えることにつながるかもしれません。

成功体験を増やし、自信をつける
特性を理解し、対応する

特性を見極める

不得意を知る

人の認知（物事を理解したり判断したりする機能）の仕方には、それぞれの特徴があります。例えば、英語の単語を覚えるのに、書いて覚えるのがいい人もいれば、アルファベットを口に出し、音として理解し、記憶する方がいい人もいます。

授業になかなか参加できない子どもは、もしかしたら、自分の認知機能の特徴に合わない授業進行が原因で、理解しようとしてもなかなか理解できず、困っているのかもしれもません。

例えば、言葉で説明しても何をしたらいいのか理解できにくい子どもがいたとします。その子に、言葉の説明だけでなく、その内容を書き出したものを視覚的に提示すると理解できるとしたら、その子は聴覚を通して理解することに困難があるのかもしれません。

逆に、視覚を通しての理解に困難を抱える子どもは、図など視覚的なものの提示だけでなく、言葉を加えることで理解しやすくなります（例えば、平行な線についての理解を促すときに、図を示すだけでなく「線をどこまで延ばしても、交わらない」という説明を加える）。

また、ノートをとるのに時間がかかる子どもは、ワーキングメモリー（→［不適切な行動３］p.36）の働きが弱く一度に覚えて書けない、あるいは、形を捉えることの苦手さのため書き写しが難しいという困難を抱えているかもしれません。

授業に参加しない理由が、その子どもの何らかの苦手さにあるのではないかという視点で、さまざまな場面を分析してみる必要があります。

声かけの影響を意識する

その子どもは、自分の苦手さに気づいてもらえず、他の子と同じようにできないことで「しっかり聞きなさい」とか「なんでできないの」といった否定的な言葉を常に投げかけられてきたのかもしれません。認知は脳の機能ですから、努力でどうにかなるものではありません。本人は努力しようにもどう努力していいかわからないので「どうせ自分は勉強ができない」とあきらめ、授業が終わるまで、とりあえずじっと座っていたり、関係ないことをしていたりするしかないのです。

機能としての困難を抱えているのに「しっかり聞きなさい」という声かけをしても聞けるようにはなりません。できないことを指摘するような声かけは、子どもを苦しめるだけで、効果はありません。必要なのは、その子に合った指導法を工夫し頑張りを認める言葉かけです。

指示の方法・学習スタイルを工夫する

困り感のある子どもの学習意欲を高めるには、これまでのやり方にこだわらず、困り感のある子どもの不得意な部分をサポートする指導や学習スタイルを柔軟に取り入れていく必要があります。以下にいくつかの工夫例を紹介します。

◎認知の違いに配慮した工夫

先に挙げたように、クラスの中には、視覚的な提示がある方が理解しやすい子ども、逆に聴覚的な助けがあると理解しやすい子どもなど、いろいろな認知の特徴を持った子どもがいます。それらに配慮して、説明や指示は教師の言葉による説明と視覚情報（文字や図）を併用すると、どちらの認知の弱さを持っている子どもにも、理解しやすくなります。

◎記憶の仕方に働きかける工夫

楽しい記憶というのは頭に残りやすいものです。同じ計算の学習をするにしても、自分の好きなもの（食べものや乗り物など）を使って学習をするなど、その子の興味・関心に働きかけると、効果的です。
　また、聴覚的な処理が得意な子どもには、漢字を「ヨ・エ・ロ・寸（尋)」など音として口に出したり､間違えやすいものについて「専門に『､』『口』なし」などというフレーズを作ったりと言語化し、音として覚える方法を試してみるのもよいでしょう。

◎集中のための工夫

　指示がなかなか通らない理由の一つに、指示の長さ（量）の問題があります。「まず、〜をして、次に〜。それができたら〜をして、最後に〜」と一度にまとめて指示をすると、何をやっていいかわからなくなります。
　記憶には、最初と最後が残りやすい特徴があり、中間の部分は、記憶から抜けやすいのです。ワーキングメモリーに課題がある子どもならなおさらですし、視覚的に手順を示したとしても、それを見ることすら忘れることもあると思われます。
　ですから、手順を一つ一つ分けて指示し、確認していくという配慮がいるでしょう。また、読み書きに課題がある子どもの場合、沢山の情報があると、なかなか集中できないこともありますので、文章の一部だけを見せる（紙などで必要以外の部分を隠す)、フレーズごとに「／」を入れて、文を短く切って読ませるなどの工夫も取り入れるとよいでしょう。

◎協働して学ぶ工夫

　楽しさとセットにすることで、記憶力が高まることには、先にも触れました。友だちと共に考えたり作業したりする中で楽しさを感じると、エピソード記憶（体験したことの記憶）に楽しさの情動が加わり、記憶が残やすくなります。その意味で、学習に協働的な学びを取り入れることには、大きな効果が期待できます。
　また、協働する中で友だちから認められる経験をすることは、自尊感情の高まりにもつながっていくことでしょう。

よさやがんばりに注目する

不得意を克服するという考え方も大事ですが、その子のよさを伸ばして「自分には、できる」という自信を持たせることも大切です。その自信は、ちょっとくらい不得意なことでもやってみようという前向きな気持ちを生み、できることを増やすことにもつながるからです。

そのためには、他との比較ではなく独自のよさを見つけることや、できたことに加え、頑張っている過程をしっかりと観察し、ほめることが大切です。

ほめる場面としては、次のような場面が考えられるでしょう。

- **その子自身も得意と感じていること（絵がうまいなど）について**
- **何かを頑張って仕上げた時**
- **不得意でも、頑張ろうとしている時**

ただし､否定されて育った子どもは､ほめられることにすら抵抗感を持っていることがあります。

むやみやたらとほめるのではなく、机間指導中にそっと声をかけたり、ノートに花丸をつけたりといったこと､また､連絡ノートに「漢字を頑張っていたね」などのコメントを書くことで、ちゃんと見てもらえている、認められているという満足感を与えることができるでしょう。

コミュニケーションゲームを取り入れる

人の自尊感情を低下させる大きな原因に、自分の価値を認めてもらえないこと、他人と比較されることがあります。自尊感情が低下すると、自分を否定して無気力になります。自尊感情の低下を防ぐには、「みんな同じようにできること」や「人よりできることがいい」といった価値ではなく、一人一人の個性が認められることが大切です。

高学年になってくると、子どもにとっては大人より友だちからの評価の方が気になるようになります。定期的にコミュニケーションゲームなどを取り入れ、子ども同士がそれぞれのよさに気づくような場を設定することも子どもの自信につながります。例えば、以下のようなゲームが効果的です。

■秘密の友だち

無作為に選んだ友だち（クラスの子どもの名前を書いた紙を袋に入れ、それをくじ引きのようにひく）を観察し、気づいたよさや励ましの言葉を書いたメッセージを送る活動。メッセージは小さな紙に書き、本人に気づかれないように、指定された掲示板に折りたたんで貼り、それを本人が受け取る。メッセージは、一日何度も送る。また、秘密の友だちに、一日１回か２回、それとなく親切にしたり助けたりするという活動を加え、一日の終わりに、自分の秘密の友だちが誰かを当てるゲームをすると盛り上がる。

■ほめほめゲーム

互いのよさを、準備されたシートに書いて交換する活動。班で順番に回してそれぞれの良さを書く。クラスの中で自由に交流し、ほめ合うなど、色々な形で行う。

■クラスの中の自分

クラスの人数分か、少し多い人数分の枠に人の特徴（マイナスではないもの。例：落ち着きがある。元気がある等）を書いたシートを準備する。それぞれの枠に、その特徴を持つクラスメートの名前を書き、切り取って本人に渡す。渡されたものを、自分のシートに貼って、感想を書く。

このようなゲームは、ライフスキル教育や構成的グループエンカウンターに関わる書籍、研修会で、数多く紹介されています（→参考文献 28,34）。

コミュニケーションの課題3

一人でいる

休み時間や校外活動などの自由な時間に、一人で行動する子どもがいます。声をかけて、他の子どもと過ごすよう促しますが、いつの間にか一人で過ごしています。寂しそうにしているわけでもなく、むしろ一人でいる方が好きなようにも見えます。

コミュニケーションの不得意さを抱えている子どもは、大人数の中にいることを苦痛に感じることが多いようです。他のほとんどの子どもとは違い、友だちとの会話や一緒に過ごすことに、魅力を感じておらず、それらをするために大きなエネルギーを必要としているのかもしれません。

個性を尊重する
その子にとっての心地よさを理解する

本人の気持ちを尊重する

大きな前提として、一人でいることがよくないことかどうかということを考えなければなりません。「みんな仲良く」といった学級目標を見かけることがあります。しかし、背景に互いの人権を侵害するような人間関係のトラブルがなければ、みんなが全員と無理に仲良くする必要はないのではないでしょうか（一人でいる背景に仲間はずれなどがないか注意を払う必要はあります）。

これまでの育ちの情報を得る

一人を好む子どもの中には、単に引っ込み思案の性格というだけでなく、「社会性やコミュニケーションの困難」「特定の物事やルールへのこだわり」などを特徴とした特性を持っている子がいる可能性があります。

まずは保護者から、幼児期からこれまでの様子を聞いたり、前の担任などから学校生活の中での様子を聞き取ることが大切です。発語が遅かった、小さい頃から他の子どもに交わらず一人遊びを好んだ、こだわりが強い（頑固）などの特徴があれば、自閉スペクトラム症の傾向を持っている可能性も頭に入れる必要があります。

もちろん、そういった特徴があまり見られないなら、クラスの中でのトラブルがないかを丁寧に調べ対応をすることを考えなければならないことは言うまでもありません。

本人の気持ちを知る

機会を見つけて、本人の話を聞くことも必要です。仲間に入りたくてもコミュニケーションの不得意さがあるため入れないのであれば、何かしらの手立てが必要となるでしょう。

しかし、本人が一人でいることの方が楽で、友だちと一緒に過ごすことを選んでいないのであれば、友だちといることをあまり強制しなくてもいいと考えます。特に、音への過敏さを抱えていて休み時間などの喧噪を苦痛に感じ、それを避けている場合は、静かなところで過ごさせてあげた方がよいでしょう。

また、休み時間中に、こだわっているもの、自分の興味のあるもの（虫や植物など）に触れる時間を楽しく過ごしているのであれば、それを無理に制止する必要はないと思われます。

無理のないコミュニケーション（SST）

コミュニケーションの不得意のために、本人が損をすることも多くあります。「目を合わせて話す」「うなずく」「相手の気持ちを汲む」といった人間関係をスムースにするためのスキルは、どの子にとっても、これから社会の中で生きていく上では、少なからず必要になってきます。

そのような社会性を育むための「ソーシャルスキルトレーニング（SST）」のプログラムを活用して、少しでも人間関係のスキルをつけていけるような訓練も必要です。

SST には、個人で取り組めるものと、集団で取り組めるものがあります。特別支援学級や、通級指導教室が設置されている学校では、担当教師に相談して個人指導をしてもらってもよいでしょう。また、個人だけでなく、集団のスキルを高めるために、クラス作りの活動として取り入れてもよいと思います（→参考文献 25）。

人間関係作りを支援する

その子どもの心地よさを知る

このような子どもは、感覚過敏を抱えていることも多く、他の子どもたちにとっては心地よいことや特に気にならないことが、とても不快に感じたり気になってしまったりすることがあります。

例えば、音に対する過敏がある場合は、大きな音が苦手だったり、人の話に集中できなかったりします[*1]。また、触覚の過敏さを持っているため雑巾が触れないなど、学校生活を送る上で困っていることがあるかもしれません。

そのことを言えずに過ごしている場合、表情や行動をしっかり観察して、心地よく過ごせるような配慮も必要になってきます。例えば、大きな音がする時に耳栓をしてもいいようにするとか、音に耐えられないときには、しばらく、教室を離れていいように配慮することも考えていいでしょう。

また、大人数が不得意であれば、できるだけ少人数のグループ活動を取り入れるなどの配慮も考えていきます。

クラスの人間関係について知る

一人で過ごしている子どもがいる場合、その子が心地よいからそれを選んでいるのであれば、無理に一人でいることを止めなくてもいいのですが、仕方なく一人を選んでいる場合も考えられます。その場合は、何らかの手立てを考える必要があります。

手立てを考えるために、クラスの人間関係を調べるアンケートを採ってみるのもよいでしょう。人間関係に関するアンケートとして知られているものの一つに「Q - U（QUESTIONNAIRE-UTILITIES：楽しい学校生活を送るためのアンケート）」[*2]があります。このような客観的なデータを元に、人間関係づくりに取り組むことには、クラスの中で苦しい思いをしている子どもを発見し、適切な対応をするために大いに活用してもよいのではないでしょうか。

クラス作りに役立つ活動

目立たない子どもや、クラスの中で困った存在だと思われている子どものよさを見つけるような活動を取り入れることも、一人一人が快適で、よりよいつながりのあるクラスを作るために役立ちます。

以下にいくつかのゲームを紹介します。

■秘密の友だち・いいところ探し

p.53 で紹介した「秘密の友だち」に加えて行う活動。友だち同士で友だちのよいところや感謝の気持ちを所定の用紙に書き合っていくゲーム。「秘密の友だち」を数日続け（毎日、違う友だちを選ぶ）、それぞれの秘密の友だちのシートによさや励ましの言葉を書き、伝えるという活動もできる。

■同じ？ちがう？

いくつかの自分の情報（家族の人数や趣味など）を書き込んだカードを持って交流し、共通の情報を持つ友だちを捜すゲーム。クラスを自由に動き回り、同じ情報を持っていそうな相手に「家族は何人ですか？」「趣味は何ですか？」等と聞いて、同じだったら○をつけ、○が全部揃ったら終わり。

■自己紹介ダウト

自分のことについての情報４つ（好きな食べ物､兄弟の有無等）を書き、グループに提示する。その内の一つは嘘の情報とする。メンバーは、提示された情報についてインタビューをし、どれが嘘の情報かを当てる活動。

＊1　音への過敏がない場合、色々な音の中から自分の必要なものだけを選択し、情報として取り入れることができます（カクテルパーティ効果）。しかし、音への過敏がある人の場合、必要としていない音も同じようなレベルで脳に伝わってしまいます。

＊2　Q - Uについては以下を参照
http://www.waseda.jp/sem-kawamura/about/outline/
http://www.toshobunka.co.jp/examination/qu.php

コミュニケーションの課題 解説 不得意を知り、柔軟に対応する

学校では、よく「大きな声で返事をしましょう」「誰とでも仲良くしましょう」という投げかけをします。

これらの投げかけに疑問を持ったことはないでしょうか？「みんなにできて当たり前」という前提のこのような投げかけは、ここで取り上げたようなコミュニケーションに困難を抱える子どもや、不得意を理解してもらえず結果として無気力になっている子どもたちにとって、大きな負担となっているかもしれません。

◉困り感に心を傾ける

学級の中に、あまりしゃべらない子どもや無気力に見える子どもが一人や二人はいるのではないでしょうか。先に挙げたような学校でよく行われる投げかけに対し、「定型発達」*をしている子どもが負担を感じることは、あまりないかもしれません。しかしそれは、コミュニケーションの不得意さを持っている子どもにとっては、大きな努力が必要な内容だと考えられます。また、無気力になっている子どもには、負担感の大きい要求であるかもしれません。

まずは、大多数の子どもにできても、それができない子どもがいることを認識することが大切です。そして、彼らの困り感に心を傾ける必要があるでしょう。

◉融通のきく対応をする

最近では、多様な個性に考慮するインクルーシブ教育の考え方が少しずつ浸透してきています。また、それぞれの個性を生かした「協働」を意識した方向へと教育が変わりつつあります。ですが、まだまだ「みんなが同じペースで同じように」といった考え方で学級経営や学習指導が行われている場合も多いのではないでしょうか。

しかし、多様な個性を持つ子どもたちに同じことを求めることには無理

があるし、そのことで子どもがつらい思いをしているのであれば、やはりこれまで当たり前にやって来たことを見直してみる必要があります。

例えば、先に取り上げた「落ち着くために授業中の退席を認める」「行事の際の特別な参加方法について考慮する」など、これまで当たり前だと思ってやってきた方法に少しだけ融通をきかせることは、そう大きな労力を必要としないのではないかと考えます。

【自分の困り感を伝える力を育てる】

他の子どもと同じことをしない子どもに対して、「この子には無理」とか、「やる気がないから仕方ない」と諦めてはいないでしょうか。コミュニケーションに困難がある子どもや、無気力でやる気がなくなっている子どもが、自分からその困り感を訴えることは、ほぼないと言っていいと思います。他と同じようにやらない（やれない）ことを、その子どもからの「困っています」というSOSだと捉え、彼らの気持ちを聞く機会を持つようにしたらどうでしょう。

困り感を聞いてもらい、自分なりのやり方を教師と共に考え克服する体験をすることは、彼らが「自分で伝えること」の価値を知り、伝えるスキルを獲得する大切な機会となります。それらの経験は、彼らの大きな自信につながっていくでしょう。

＊ 精神科医である岡田尊司氏は、その著書『発達障害と呼ばないで』の中で、定型の発達（多くの子どもの発達の型）をしない、いわゆる「発達障害」と言われる子どもたちの発達の仕方を、「非定型発達」という言葉で表しています。

学級ではおとなしく、人に迷惑をかけるような行動は見られない子どもですが、友だちのものと知りながら自分の名前を書いて使っていました。保護者と連絡を取ってみると、小さい頃から物を盗むことが度々あったそうです。母親は、自分の愛情不足ではないかと心配しています。

幼児期には、欲しいという気持ちを抑えられず、つい人のものを自分のものにしようとすることが少なからずあります。しかし、小学生頃になると、ほとんどの子どもは欲しい気持ちを抑えることができるようになります。それができないこの子どもは、「欲求を抑えられない自分」に困っている可能性があります。

困り感を見つける
原因を見極め、原因にあった対応を

子どもの困り感を見つける

特性の有無を知る

その子どもの日頃の様子をよく思い出してください。以下のような困り感を持っていないでしょうか。

- 整理整頓が上手にできない
- よく自分の物をなくす
- 集中できない
- 細かいところに注意が行かず凡ミスをする
- よくボーッとしている

もし、このようなことが当てはまるなら、多動を伴わない ADHD（注意欠如・多動症）の傾向があるかもしれません。

一般に ADHD というと、多動ですぐにカッとなる等の特徴が想起されると思います。しかし、多動や友だち関係におけるトラブルがあまりないと、上記のような困り感があったとしても「そんな子なんだ」と見逃されがちです。しかし、不注意優勢型の ADHD の場合、持っている衝動性が「欲しいと思ったら、がまんできず手を出してしまう」という形で出てくる場合もあると考えます。実際、私の出会った子どもの中にも、多動はなく、上記のような不注意傾向だけがみられる子どもがいました。そして、ある日、衝動性の特性が「盗み」という形で表れた事例を経験しています。

気持ちを聞いてみる

ただ、盗みの原因は、「欲しい」という気持ちを抑えきれない衝動性のためだけではないかもしれません。不注意の傾向があり、物の管理ができずに自分のものをなくしてしまう。しょっちゅう物をなくすので、いつも叱られていたとしましょう。その場合、叱られないように、後先を考えず友だちのものを盗ってしまったということも考えられるでしょう。

先に挙げた例では、その子どもはベルトの裏に書かれた友だちの名前をマジックで消し、自分の名前を書いていました。考えてみれば、すぐに気づかれてしまうような行動です。それだけ切羽詰まっていたのかもしれません。

「こんなことをしてはダメだ」という指導の前に、なぜ、そんなことをしたのか、本人に何かのつらさや困り感があるかもしれないという前提で、友だちのものに手を出した理由を聞いてみるのもよいでしょう。

家庭での様子を知る

子どもが物を盗む時、その行動の裏に、寂しさや満たされなさがあることも考えられます。保護者と話をして、家庭での子どもの状況を知ることで、問題解決のヒントが見つかるかもしれません。

例えば、経済的な不安や夫婦仲の悪さ等々、家庭が抱える問題が原因となっている場合もあるでしょう。また、親の養育態度に課題があり、子どもを追い詰めている場合もあるかもしれません。

このような子どもを苦しめている家庭状況は、子どもの特性の有無とは関係なく存在します。ただ、養育態度という点で言うと、やはり、特性の強い子どもは、その育てにくさから、親から否定されて育ってきたことで自尊感情が低下し、それが問題行動につながるということも少なくはないのです。

以上の理由から、子どもの問題行動が起きた時には、そのことをきっかけに保護者とゆっくり話す時間を取ることが大切になってきます。それは、保護者の子どもに対する接し方や改善すべき家庭状況を見つけ出すチャンスでもあります。そのチャンスを逃さず、しっかりと保護者とつながるようにしたいものです。

ただ、中には担任には話をしづらいという保護者もいるでしょう。その際には、少し間接的な立場にある養護教諭や、カウンセラーなどの専門家を活用することも考えてみてください。

学校での管理

「罪作りをしない環境作り」も大切です。例えば、机上にお金を置きっ放しにするとか、貴重品の教室への持ち込みを許すといったことは、子どもの「出来心」を誘うきっかけになるので十分注意をしなければなりません。

また、物がなくならないように、教室内がキチンと整理整頓されている必要があります。使ったものを元に戻すように習慣づける。そのために、物の置き場所をシールなどで明示するなどの工夫もいるでしょう。また、作業が終わったら、その作業で使ったものを片付けてから次の作業に移るといったルールも、徹底するようにします。

自分の物がないから、人の物を取るということをなくすために、片付けが苦手な子ども自身が物をなくさないようにする工夫も必要です。机や棚のどこにどれを片付けるなど一定のルールを決めて、少しずつ片付けのノウハウを身につけさせます。それでも、なかなかそれができない子どももいて、机周りは、いつも物が散乱しているといったことが起こります。その場合は、とりあえず、その子ども専用の箱などを準備して、その中に自分の物は入れることから始めるとよいでしょう。

家庭での管理

子どもが親の財布からお金を盗んだという相談は、わりと多くあります。その中で気づくのが、家庭内でのお金の管理のルーズさです。親自身が財布やお金を、いつも子どもの目につくところに置いていたり、財布の中身がどれくらいか把握していないため財布からお金がなくなっていることに気づくのが遅れたりする例が、結構あるのです。

ですから、保護者と話す中で、親が、責められていると感じないように、これまでの経験、または人から聞いた話として、親のお金の管理が大切だということをやんわりと伝えるようにします。

また、物をなくし、その結果お金や友だちの物に手が出るということを防ぐために、やはり、家での整理整頓も大切になってきます。片付ける場所にシールを貼る等の工夫を家庭でも試してみて、効果があったものを、学校と家庭で共有し、同じように取り組んでいくとよいでしょう。

専門機関と連携する

子どもの発達や心理に関わる専門機関では、子どもの困り感の背景となる特性に関する分析や、適切な支援に関する助言を行っています。それらを元に適切な支援ができれば、子ども自身も落ち着き問題行動もなくなるはずです。

しかし、教師が子どもの特性について専門家のアドバイスを受けたいと思っていても、保護者の抵抗感があってスムースに専門機関につなぐことが難しいという例を多く経験してきました。

本来、専門機関につなぐのは、その子どもの困り感に気づき、支援者である親や教師が、協同してその困り感に対応していくためです。しかし、「レッテルを貼られる」「差別している」などと、マイナスにとってしまう保護者が多いのです。また、保護者がその必要性を感じていないため、それが実現できないという場合もあります。

問題行動が起こると、それをきっかけに本人と周りの大人が「何とかしなければ」と共通の思いを持つことになります。そこで、その問題行動は、子どもの困り感に向き合う大きなチャンスだと捉えて、働きかけを行います。

ただし、その際気をつけたいのは、保護者と話すときの姿勢です。「こんなこともした、あんなこともした」「これができない」といった「あなたの子どもは困った子どもだ」というスタンスの伝え方になれば、親は抵抗を感じますし、その抵抗が子ども攻撃にも繋がりかねません。

「共に、子どもの健全な成長を支援しましょう」という姿勢を見せることが大切なのです。保護者と面談するときには、一人ではなく教育相談担当者など、保護者対応に慣れた職員と一緒に行うとよいでしょう。

問題行動2

集中できない

おとなしい子どもで、多動傾向があるわけではないのですが、授業中に、そわそわとして落ち着きません。また、逆にボーッとしていたり、授業の途中で、イライラしているような表情を見せることもあります。偏食があって、食べるのに時間がかかることも気になっています。

音や光、匂いなどに対する過度な敏感さを持っている子どもがいます。この子どもも、そのような傾向があり、集中できなかったり、偏食があったりするのかもしれません。

また、言葉での表現が上手でないため、不快な状況をうまく周りに伝えられず、イライラしたような表情を見せるのかもしれません。

感覚の過敏を理解する
独自の感覚を理解し、対応する

過敏さについて理解する

観察してみる

その子どもは、どんな時にイライラした様子を見せるのでしょうか。例えば、周りが騒がしい時に耳をふさいだり、辛そうな表情になったりするようなら、音に対する感覚過敏があるのかもしれません。

そのような子どもは、特に大きな音（声）や、予測できない突発的な音に敏感に反応する傾向があります。また、人との会話場面で、多くの人が自然に排除できるような周囲の雑音が、自分が聞こうとしている声と同じ位の大きさで聞こえるので、相手の声が雑音に邪魔され聴き取りづらくなるようです（→［コミュニケーションの課題 3］p.57）。授業中においても、教師の話が聴き取れないことがあるかもしれません。

また、黒板やノートを見えにくそうにしていることはないでしょうか。視覚過敏があると、多くの人が眩しさを感じない程度の蛍光灯の明かりやノートの白い紙にさえ、眩しさを感じている場合があるのです。

その他、臭覚の過敏があれば、壁の塗装の匂いを嫌がる、理科の実験中に、薬品の匂いをとても嫌うということもあるかもしれません。感覚過敏が原因と思われるこれらのような反応がないか、観察してみましょう。

本人、保護者と話してみる

感覚過敏が強い場合、子育ての中で保護者がそれに気づき、既に専門機関に相談していて、音への配慮など適切な対応の仕方について学校に伝えてくることもあります。しかし、親の認識が「何だかおかしい」という程度だったり、神経質すぎる子だと諦めていたりして、子どものつらさを理解していない場合もあります。

感覚過敏のある子どもは、自分の気持ちを言葉にするのが難しいという特徴を併せ持っていて、苦しさを伝えられず仕方なくがまんしている場合も多いと考えられます。気になる様子があるようだったら、本人に直接、聞いてみるのもよいでしょう。

また、学校で何とか我慢し、帰宅後に不機嫌になる、あるいは、朝から登校を渋るなど、家庭で「荒れ」を見せることもあるようです。懇談会、教育相談会等の際、保護者に家庭での様子を聞いてみるとよいでしょう。

専門機関につなぐ

感覚の過敏がある子どもは、上記のような自分のつらさを周りにうまく説明できない等コミュニケーション力に課題を抱えている場合も多いと考えられます。そして、急にいなくなる、目を合わせずに話すといった刺激を避けるための行動を取ることで、「変わった子」として扱われたり、わがままと思われたりして、集団生活が難しくなる場合も出てきます。

病院や専門機関には、感覚過敏に関する検査も準備されています。子どもに困り感があることがわかったら、保護者に専門機関への相談を勧めるとよいでしょう。

なお、専門機関への相談を勧めるために保護者と面談する際には、子ども本人も同席して、これまで十分に伝えられなかった困り感について、自分の口からしっかりと説明できるような場を設けるようにします。そうすることで、「誰にでもあることだ」とか「わがままを言っている」というレベルの話ではないという認識を促すことができるでしょう。

感覚過敏に対して配慮する

最近では、当事者研究*1が進み、さまざまな感覚の過敏を和らげるいろいろな工夫について、広く知られるようになりました。以下にいくつか紹介します。

聴覚過敏への対応

騒がしいのが苦手であれば、イヤホンやイヤーマフを使用するとよいでしょう。例えば、授業中の自由な活動で賑やかになる際には、それらを使って音を遮断し、教師の指示などを聞く必要がある時には、はずして話を聞くなどの工夫をします。また、最近では、周りから入って来る雑音を消す機能のついたノイズキャンセリングつきのイヤホンも販売されていますので、活用をすることもできると思います。

なお、ここに挙げたような道具を使うというのも一つの対応ですが、大きな音のする運動会や音楽会などの際には、特別な配慮も必要になります。事前に、その行事でどの位の音がするのか確認したり、必要であれば別の場所で参加したりするなど、本人や保護者と対応を話し合った上で、少しでも不安のない方法を考えて、その子に合った参加をするようにします。なお、教師が大きな声で怒鳴ることは、もちろんNGです。

視覚過敏への対応

視覚の過敏を抱える多くの人は、一般の人が気にならないような光を眩しく感じます。ですから、教室の座席は、照度の高い窓際や蛍光灯の真下などの場所を避けるといった配慮が必要になります。また、ノートは、真っ白ではなく少しだけ色のついたものを準備すると眩しさが和らぐようです。光沢のある資料集などを使う時は、光が反射しないように、小さな衝立のようなもの（ノートなど）で陰を作ることも一つの工夫としてできるかもしれません。いずれにせよ、本人と、どのようにしたら眩しさを軽減できるか十分に話し合ってみることが大切です。

また、眩しさだけでなく、目に見える情報の取捨選択ができにくいという感覚を持つ人も多いようです。具体的には、一点を見ようとしても、見えている情報全てが一気に意識に入って来るとか、逆に全体像を捉えなければならないのに、見えている中の一部に意識が集中してしまうといったことがあるようです。授業中には、視覚刺激をできるだけ少なくする、教室前面の掲示を必要最低限にする、教師の近くに座席を置いて集中しやすくするなどの工夫が考えられるでしょう。

給食での対応

誰しも、苦手な食べものの一つや二つはあると思います。ただ、感覚過敏のある子どもは、その程度がかなり強いと考えるとよいでしょう。人の味覚は、子どもの頃と大人になってからでは変わってきますので（例えば、子どもは苦いものに対する味覚が敏感です）、少しずつ食べられるように工夫することは、子どもの健康な成長にとって、大切なことです。

しかし、食に関する感覚過敏（口腔感覚、味覚、臭覚の過敏）があることがハッキリしていて、どうしても舌触りや食感、あるいは特定の匂いを受けつけられず「オエッ」となってしまうようなら、それらの食物は、給食時に無理やり食べさせないように配慮します。

対象となる食べものについては、保護者が十分把握していると思いますので、よく相談して配慮をするとよいでしょう。

ここで紹介したような工夫は、合理的配慮＊2として、不便を感じている人からの要請に応じなければならないということが法によって定められています。本人に合った配慮ができるよう、できるだけ専門家のアドバイスを受けて行うのが理想的です。

ただ、他の子どもとは違う特別な道具を準備したり、特別な方法を採ることも多いので、本人・保護者と十分相談した上で、他の子どもたちへの説明もキチンとする必要があります。小学生では、周りの子どもが特別な配慮に対して必要以上に興味を持ったりうらやましがったりする場合があり、また、思春期以降であれば、いじめの原因になることもあるからです。

まずは、日頃から、多様性の受容や障害の捉え方についての教育が行われることが大切です。そして、それに加えて、個別の対応への理解を促す指導を、丁寧に行うべきでしょう。

＊1　精神疾患や発達障害などを抱える人が、自らの体験をもとにその疾患や障害について研究を行い、周囲への理解を促したり、当事者の生き方を前向きに考えたりしていこうとするもの。

＊2　障害のある人が障害のない人と平等に人権を享受し行使できるように一人ひとりの特徴や場面に応じて発生する障害・困難さを取り除くための、個別の調整や変更のこと。

問題行動 解説 行動の背景にあるつらさを理解しよう

例えば、人を叩いてしまうとか、勝手に教室を出ていくなどの行動をする子どもに関しては、他の子どもとの関係や授業進行への影響もあるため、その対応について積極的に検討されることが多いと思います。しかし、ここで挙げたような子どもたちについては、他との関係の中での問題が起こることは、殆どないため「何だか気になるなぁ」と思いつつ、そのままになりやすい傾向があります。

「気になる」を放置せず、何か問題が起こったときに、日頃の「気になる」と結びつけて対応を考える必要があります。

◉表面の行動にとらわれない

子どもの問題行動に対して、それが悪いことだと説諭したり、何でこんなことをしたのかと気持ちを探ったりすることが多いのではないでしょうか。また、他の子どもが普通にできていることができない子どもに、「頑張ればできる」と励ますことはないでしょうか。

しかし、行動の背景に自分ではどうしようもない衝動性や感覚過敏がある場合は、そのような説諭や励ましに、あまり効果は期待できないと考えられます。表面に現れている行動より、背景にある彼らの持つ根本の課題を明らかにして、対応することが大切なのです。

◉「特別な対応」から「柔軟な対応」という発想へ

「特別な対応」というのは、一部に対して配慮を行うことです。そう考えた時、「本当はこれが正しいけど、あなたは、それに合わないから特別にこうしてもいい」という感じがしませんか。しかし、認知や感覚には、人それぞれに違いがあります。多くの人ができる方法がAだったとしても、BやCがいい人もいるのです。ですから、「これが正しい形（A）で、それ以外（BやC）は特別」ではなく、「これもOK、あれもOK」という柔軟な対応を準備する姿勢が必要です。そのような空気が流れていれば、B

やＣの方法だとできるという子どもは、安心してそれを選べるし、自分の困り感を表明できるのではないかと思います。

◉専門家、専門機関の活用

前述の通り、人との関係性における問題行動に比べ、個人内で終わっている問題行動は見逃されがちです。そのため、その背景にある特性の発見も遅れてしまいます。ですから、何らかの形で問題行動が出た時に、それは「気になる」を検証し指導につなぐチャンスなのだと捉え、積極的に専門家・専門機関の活用を考えていきます。

まず、学校で捉えている姿を保護者に伝え、家庭での様子についても情報収集をします。そして、それらの情報を専門家に提供して的確な判断と指導を仰ぐようにすることで、密かに困り感を抱えている子どもに適切な対応ができるようになるでしょう。

全体解説

発達の違いを頭に入れて認め育てる

もう 15 年程前のことです。当時勤務していた小学校に独特な個性を持った男子児童（当時４年生）がいました。大人のような口調で話し、沢山の知識もあるのですが、時にパニックになります。視力検査を行った時のことです。「僕は、今度はＡ（1.0 以上）になる」と言って検査に臨んだのですが、結果はＣ（0.4 ～ 0.6）。それを聞くと、彼は大泣きしながら保健室の片隅にうずくまり動こうとしませんでした。

そのできごとの後しばらくして、男子児童の保護者から「主治医の話を聞いて欲しい」と連絡があり、担任と支援学級担当、それに教育相談担当である養護教諭の私で、話を聞きに行くことになりました。彼はアスペルガー症候群*[1]（当時）と診断されていました。その時主治医からもらったリーフレットに書かれた特徴を見て、「○○君そのものだ！」と驚いたことを覚えています。それが、私が初めて「発達障害」*[2]を意識した瞬間であり、「変わった子」で済ませるのではなく、ちゃんと知ってちゃんと対応することが大切だと考えるようになったスタートでもありました。

その後、平成 19 年度に改正学校教育法に特別支援教育が位置づけられてから、現場にも発達障害に関する知識が少しずつ広がりました。私自身も多動や衝動性、コミュニケーションの不得意さなどを持つ子どもについてどう対応したらいいのか、研修会や書籍で学び、そして何より彼らと過ごす時間から学んで来ました。そんな中、ある精神科医師の講話で「発達障害バブル」という言葉を耳にします。何でもかんでも発達障害という名前をつけ（現場での「そうじゃないか」も含め）、支援の方に目が行かなくなっていることを指しての言葉でした。実際、現場では、「あの子は持っている」「障害だから仕方がない」的な発言を聞くことが少なからずあります。知識は広まったものの、対応がうまくできないことの言い訳として、そのような発言をしてしまうのでしょう。

私は、長年の経験の中で、同じ特性を持っていても、育て方や学校での対応の仕方で子どもの成長の姿が全く違っていく事例をいくつも見てきました。発達の特性に対し、適切な対応がなされなかった場合、子どもの自尊感情は低下し、二次障害（不登校や非行など、さまざまな社会不適応）を起こしてしまいます。そのことを考えた時、やはり中途半端な知識ではなく、対処方法も含めた確かな知識と、子どもの成長を支援するプロとしての高い意識が求められると強く感じています。

特別支援教育に長く携わってきた現場の先輩に特性の強い子どもへの対応方法を聞いたとき、「これという特効薬的なものがあるわけではなく、子どもと接する中で『こうしたら』と考えやってきた」という返答をもらったことがあります。

この章では、現場でよく出会ういわゆる「発達障害」による困り感を持つ子どもの事例を紹介してきました。これまで私が経験してきた事例やその対応が、全ての子どもに当てはまるものではないと思います。事例を参考にしつつ子どもと対峙し、何より子どもを認めることを大切にして、それぞれに合った適切な支援法を見つけていってほしいと思います。

＊1　現在は、発達障害の分類は、アメリカの精神医学界の診断基準であるDMS-5により、以前使われていたアスペルガー症候群は、「自閉スペクトラム症」としてまとめられています。

＊2　「発達障害」を、その文字のイメージから人権に配慮して、「発達障がい」と記したり、「発達障碍」と記したりすることがあります。ここでは、文部科学省が使っている「発達障害」を使っています。

Ⅱ 子どもの心の揺れと身体

子どもが自分の髪を抜いているという相談がありました。確かに、頭頂部が少し薄くなっています。本人は、あまり気にしていないようですが、保護者は、このまま続くとその部分の髪の毛がなくなり目立つようになるかもしれないので、やめさせたいと言っています。

自分で自分の髪の毛や眉毛などを抜くことを「抜毛」と言います。退屈で何となく抜いてしまったのがクセになったという場合もありますが、何らかのストレスから抜毛をしてしまうことが多いようです。毛を抜く行為をやめるように働きかけるより、背景となるストレスを取り除くことが大切です。

行為自体より、その背景に目を向ける
ストレスを知り、辛さに寄り添う

原因を知る

過度なストレスはないか

その子どもにとって何かストレスとなっている状況はないでしょうか。

以下は、私が経験したストレスが原因だと考えられる抜毛の例です。

1）小学6年女子：スポーツクラブのリーダーの児童が、眉毛を抜毛
→クラブ担当者の厳しい指導がストレスとなっていた

2）小学3年男子：頭頂の髪の毛を抜毛。時折髪の毛を食べる
→過度の習い事、塾通いで、遊び時間がほとんどなかった

3）中学1年女子：前髪の生え際から分け目にかけて抜毛
→新しい環境に、なかなか慣れず緊張が続いていた

1と2の例は、担任や養護教諭が普段の子どもの状況を把握していて、その原因に気づいた例です。3については、母親からの連絡があり、話を聞く中で、ストレスの原因にたどり着いた例です。

このように普段の様子からストレスの原因に行き着くこともありますが、周囲や保護者からの情報を総合してみても、原因が見つからないこともあります。その場合は、本人と話してみることを考えます。

子どもに話を聞くときに、直接的に髪の毛のことに触れるのはよくないと考え、遠回しに話してしまうかもしれません。しかし、それでは却って子どもに不信感を与える結果になってしまいます。抜毛をしていることは、本人も自覚していることが多いので、全く触れないよりも「髪、抜いてるの？」と投げかけ、「やめられないんでしょう？」とその状態に理解を示すようにします。そして、「困ったことや辛いことがあると、髪の毛を抜く人もいるから、もし、そんなことがあったら教えてね」というスタンスで話を進めるとよいでしょう。その後は、毛を抜くという行為には触れず、

あくまで「困ったことや辛いことがないか」に焦点を当てていきます。

ただ、子どもが聴き手側との距離感を感じていたり、ストレスの存在を自覚していなかったりする場合は、「別に困っていない」と返答することもあるかもしれません。その場合は、上手に距離を保ちながら時間をかけて話のできる状態を作っていきます。また、拒否されなかったとしても、一度に聞き出そうとせず、「気にしているよ」ということを伝えることを優先し、時間をかけて少しずつ気持ちを聞いていくとよいでしょう。

特性による困り感はないか

抜毛という行為には、毛を抜くことに集中することで、ストレスの原因から気持ちをそらすという意味合いがあるようです。先に挙げた例のように原因が特定できている場合は、その原因をなくしたり軽減したりすることで、ストレスから解放されて抜毛がなくなる可能性は高いです。

しかし、ストレスがあるからと言って、どの子どもも抜毛をするわけではありません。抜毛する子どもは、真面目で自分のわがままが言えない性格であったり、コミュニケーション力に不得意さを抱える特性を持っていて、自分のつらさを言葉で表すことができなかったりするため、抜毛という形で気持ちを表していると思われます。そのような場合は、その子の持つ性格や特性に働きかけることが必要になってきます。

気持ちを切り替える

ストレスを遠ざける（減らす）

ストレスの原因がわかっている場合は、そのストレスから遠ざける方法を考えます。参考に、p.77 で取り上げた３つの例に対してとった対応を紹介します。

１の事例） クラブの指導者と話をして、リーダーの負担を減らしてもらう。また、前髪で隠れていたため眉の抜毛に気づいていなかった保護者にも伝えて、家庭で子どものつらさをしっかり聞いてもらうようにした。

2の事例） 保護者と話をして、一番本人が負担に感じている塾をやめることにした。また、養護教諭が、本人・保護者と定期的に話すようにし、最終的にカウンセラーにもつないだ。

3の事例） 女の子でもあり、保護者が髪が薄くなっていることをとても気にしていたので、あまり髪のことに触れないように伝えた。また、関係職員に伝えて、本人が頑張り過ぎないよう見守るようにした。

効果的な方法を見つける

抜毛を止めるために、学校ができることはありません。基本的には、他人の前では抜毛することがないからです。ほとんどの子どもは、自分の部屋で一人になった時に抜毛をします。また、家族と団らんし、ボーッとしている時に抜くこともあるようです。ですから、学校側からは、家庭での対応について、以下のような「抜毛を減らすためにの代わりの行動」についてアイディアの提供をするとよいでしょう。

- **テレビを見ているときなど手を使わない時に抜く場合**
  →両腕を組む　／　利き手に何かを持つ
- **勉強中に抜く場合**
  →鉛筆と反対側の手に消しゴムを持つ
- **寝ているときに抜く場合**
  →頭にターバンなどを巻く

なお、子ども自身も抜毛を自覚し、やめたいと思っている場合が多いようです。ここに示したものだけでなく、抜毛を防ぐ方法について、子どもと一緒に考え、子どもが有効だと思う方法を取り入れるようにします。

保護者との連携

保護者と話をする

頭髪がなくなる、眉がまだらになる等、抜毛は見かけ上の違和感を生みますので、保護者の不安感はとても大きいです。行為を家庭で行うという点から言っても、保護者が神経質にならざるを得ないと思います。それで、ついつい、抜毛という行為自体に注目して子どもをとがめてしまい、その結果、子どものストレスが増してさらに抜毛するといった悪循環に陥ってしまいがちです。

時間を取って話を聞くことで、保護者の不安感を軽減し、悪循環になるのを防ぐことができるので、話をしっかりと聞く時間を設定するようにしましょう。時間設定が難しいときには、養護教諭やカウンセラーなどに要請して話を聞いてもらうようにするとよいでしょう。

また、話を聞いていくうちに、子どものストレスの原因が、保護者の養育態度や家庭生活にあることがわかる場合も少なくありません。そういう意味では、保護者と話をする機会を持つことは、学校側の情報収集や保護者の不安を軽減するためだけではなく、保護者が自分の子育てや家庭状況を見つめ直し、ふり返る機会としても有効です。

特性への対応

抜毛をする子どもの中には、人とのコミュニケーション力に課題を持つ子どももいるようです。

ですから、表面に表れている抜毛のような不適切な行動だけに目を向けるのではなく、その子の持つ、生きていく上での困難さに目を向け対応することも大切です。

コミュニケーションの課題を持つ子どもへの対応については、［Ⅰ］に取り上げていますので参考にしてください。また、保護者と話をしていく中で、保護者との信頼関係ができてから、タイミングを見計らって子どもの心理を専門とする病院への受診を勧めると、ベースにある特性の診断や適切な対応へとつながることも期待できます。

ストレスと行動2

作り話をする

全くありもしない作り話をする子どもがいます。時には、誰かが大けがをしたとか、周囲が心配するような話をするので、事実なのかどうか調べてみると、全くの作り話なのです。このような子どもにどう接したらいいのか悩んでいます。

あのさー
道で血を流して
倒れている人が
いたんだけど・・・
え〜っ!!
ウソ!!

都合が悪い時や自分をかばう時などに子どもが嘘をつくことは、よくあることです。しかし、この子どもがするようなありもしない作り話は、それらとは性質が異なります。厳格過ぎる親に育てられたり、安心して暮らせる環境がなかったりといった状況があると、子どもは現実逃避のために作り話をすることがあるのです。

背景を理解し対応する
辛さを知ることから始める

背景に目を向ける

認められるための作り話

「1 年生の時に、自分の不注意で友だちにケガをさせてしまい、大出血したので救急車を呼んだことがある」

「自分のお父さんは外国人で、今はアメリカを放浪している」

小学校中学年の男子児童が話した作り話です。実際には、友だちがけがをした事実も救急車を呼んだ事実もありません。また、父親は日本人であり、物心ついた時には母親と離婚していて、その後会ったことがありませんでした。

彼の母親は、非常に気性が激しく、学校や担任に対して度々攻撃的な言動が見られました。子育ても高圧的だったようです。また、学級担任は、母親から自分への攻撃があるため疲弊していました。また、子どもの扱いにくさもあって、この子どもに対して冷たい態度で接していました。彼にしてみれば、家庭にも学校にも認められる場がない状況だったと言えます。奇抜な作り話をすることで、注目を浴びたり、現実を見ないように自分の意識をそらしたりしていたのではないかと考えられます。

厳しい生活環境からの逃避

厳しい生活環境にある子どもも、作り話をすることがよくあります。その内容は、自分が置かれている環境（経済的に厳しく我慢を強いられる、家に安心できる場がない等）から意識をそらすために、自分が望んでいる状況や憧れている生活を、まるで本当のことのように話す場合があるのです。以前、実際には姉がいないのに、「別れて暮らす姉から手紙やプレゼントが届く」という作り話をする事例を聞いたことがあります。

このような、幸せを描くような作り話は、現実とは異なる世界を作ることで、辛い現実から逃れようとするための代償行為だと考えられます。

じっくりとつき合う

嘘につき合う

嘘に気づいても、「そんな話は嘘だろう」「嘘をついてはダメだ」と、子どもを注意することは、あまりいい方法ではありません。先に挙げたように、このような種類の嘘は、ある意味では自分を守るためだと考え、話をし出したら、とりあえずは「そうなんだね」とつき合います。

ただ、ありもしない作り話が続くと、友だちから「嘘つき」というレッテルを貼られ、孤立することも考えられます。ある程度、関係性ができてから、「先生も調べてみたけど、そんなことはなかったよ。なにか勘違いしていたのかもね」などと、やんわりと嘘に気づいていることを伝えていくとよいでしょう。また、特に害がなく調べようもないような内容については「へぇ、そうなんだね」と軽く流すようにします。

よさを見つけ、活躍の場を与える

このような子どもは、自尊感情がかなり低くなっていると考えられます。彼らの自尊感情を高めるにはどうしたらよいのでしょう。

自尊感情は、「自分にはできることがある」「認められている」という経験で高まります。そこで、その子が活躍できる場を与え、周りから認められる機会を作って、その子どもの居場所ができるようにします。そして、自尊感情を少しずつ高め、現実の世界から逃げなくてよい状態を作っていくのです。

そのためには、まず、教師がその子どものよさを見つけることが大切です。また、それをしっかりと本人と周りに伝えていきます。［I］で取り上げたようなゲームなどを取り入れ積極的にその子どものよさを見つけていきます（→ p.53,58）。

保護者の信頼を得る

一つ目の例に挙げた子どもの担任は、売り言葉に買い言葉で、保護者との関係がうまくいっていませんでした。そのような場合、養護教諭や学年主任など、保護者と少し距離のある人間が代わりに対応します。この母親も養護教諭である私が話を聞くことになりました。

話を聞く中で、この母親自身も子どもが嘘をつくことを十分把握しており、困っていることが分かりました。また、親一人子一人で苦労をされていること、頑張って子どもを育てなければならないという意識が強いこともわかりました。そのような苦労に耳を傾け労ることで、少しずつ母親との信頼関係ができていったように思います。そして、母親に、学校と共に子どもを見守ろうという意識が出てきて、学校での様子と家での様子を情報交換し合いながら子どもに接することができるようになりました。また、最終的に、子どもの作り話やマイナス言動も少しずつ減っていったのです。

専門家につなぐ

ある程度保護者との信頼関係ができてきたら、専門家へつなぐようにします。まず、学校にスクールカウンセラーがいるようであれば、親子両方のカウンセリングを設定するとよいでしょう。そしてその中で、子どもや保護者を医療機関へつなぐことが適切だという判断がされれば、親子が抱える生きにくさに対する、より専門的な対応につなげることが可能です。

また、二つめの事例のような生活苦等のある家庭環境がベースにある場合は、スクールソーシャルワーカー等の福祉の専門家に繋ぐことを考えます。生活の立て直しについては、学校の力が及ぶ課題ではないからです。

いずれにしても、学校が専門家や専門機関につなぐ架け橋となれるように、根気強く保護者の信頼が得られる働きかけをしていくことが大切です。

ストレスと行動3

お漏らし

小学校１年生の子どもがお漏らしをします。休み時間にトイレに行くように促しているのですが、行きそびれているのか週に３～４回はトイレに間に合わずお漏らしをするのです。また、時には大便を漏らすこともあり、便をパンツの中に放置することもあります。大便の時には匂いに反応し周りの子どもが騒ぐので、どうしたらいいかと悩んでいます。

多くの子どもが、小学校に上がるまでには排尿・排便の調節ができるようになります。しかし、低学年の内はまだ、お漏らしをすることはよくあることです。ただ、この事例のように、頻繁に、しかも排便の失敗もある場合は、身体的な疾患、そして、心理的な要因も考えていく必要があります。

「事実」に沿って対応する
失敗を減らす、処理する、対話する

失敗を減らし、すぐに処理する

失敗を減らす工夫

まずは、子どもたちに排尿・排便の時間を確保することは言うまでもありません。多くの学校で、特に低学年では、トイレに行く時間は十分に確保されているはずです。しかし、このような子どもは、何かに一所懸命になっていたり、混み合っているトイレの列に上手に入れなかったりして、排尿の機会を逃すことが多いのかもしれません。お漏らしをする子どもへは個別の声かけを忘れないように注意を払う必要があります。

また、トイレに行った記録などをつけて確認するのもよいでしょう。記録することは、トイレに行くのを促すのに役立つだけではなく、どの位の頻度で声かけをすればいいかを考えるためのデータにもなります。また、どんな時に失敗するのかを見極める参考資料にもなるでしょう。

失敗したときの対処

ほとんどの学校で、保健室や低学年の学年部に「着替え用下着」が準備してあると思います。お漏らしの度に、それを借りていると予備が足りなくなりますので、保護者にお願いして替えの下着２～３セットを学校に預けてもらいます。そして、お漏らしをしたら、汚れたものを持ち帰り、代わりに綺麗なものを持ってきてもらうようにして、下着のローリングストックを行います。大抵の場合、預かる場所、着替えの場所は保健室になることが多いですが、決まった場所に着替えがあると、子どもは安心しますし、保護者も申し訳ないという気持ちから少し解放されるようです。

なお、失敗をしてしまった時の声かけにも注意が必要です。ため息をついたり、「またやったの？」「あ～あ」などといった否定的な言葉かけをしたりしないように注意します。代わりに「誰でもあることだから大丈夫」だとか、もし、お漏らしとお漏らしの間が前に比べて空いていたら「大分、上手になったね」などと声をかけるようにします。

素早く、着替えの場所に移動させることも大切です。特に大便をしてしまった場合、匂いの問題もありますし、やんちゃな子どもたちがはやし立てることもあるからです。お漏らしをする子どもが、それが原因で、登校しぶりにつながることはよくあることです。

そのようなことを防ぐためには、学級全体に、絵本などを使って排尿・排便の仕組みや大切さを指導したり、失敗に対する寛容さを持つような指導をしたりと、日頃の指導も大切になってきます。

保護者との連携

家庭の様子を知る

お漏らしについては、いろいろな原因があり、「心の問題だ」と決めつけるのはよくありません。しかし、家庭が、子どもでは解決しようのない問題を抱えており、そのストレスから、お漏らしをしてしまうことは十分考えられます。実際、私が経験した例で、外から見ると仕事的にも経済的にも恵まれたご家庭なのに、実は夫婦仲が悪く、けんかが絶えない状態だとわかった例がありました。目の前で繰り返される両親のケンカがストレスとなり、子どもがお漏らしを繰り返していたのです。

家庭内がそのような状態であることは、着替えのやり取りでよく顔を合わせるようになった母親との会話の中で、少しずつわかってきたことです。この時の経験から、保護者の話をしっかりと聞くよう心がけることで、お漏らしの背景にある家庭状況が見えてくると感じました。着替えのやり取りや、連絡帳で様子を伝え合うことを介して保護者との信頼関係を築いていくことは、問題を解決するのに大きな役割を果たすと思います。

特性による困り感はないか

何かに夢中になると、なかなか途中で止めることができないといった特性を持っていて、結果としてトイレに行くことを忘れてしまう。あるいは、人とのコミュニケーションが難しく集団行動が苦手という特性を持っているために、学校生活自体に馴染めず、そのストレスからお漏らしをしてしまうなど、その子の持つ特性がベースにあって、結果としてお漏らしをしている場合も考えられます。

日頃の行動観察や会話の中で、発達の課題を持っている可能性を感じるときには、まず、校内の専門性を持っている教師（特別支援学級担当など）に相談して、特性に応じた働きかけを検討していく必要もあるでしょう。

専門家との連携

先に触れたように、排尿・排便の失敗には、身体的な疾患や異常、心理的な要因など、さまざまな原因があります。これまで挙げてきたような学校での対応で改善が見られない場合は、専門機関や医療機関の受診を勧めることも視野に入れます。

ただ、どの課題の時も同じですが、学校が必要だと思っても、本人や保護者がその必要性をあまり感じていない場合は、いきなり専門機関（医療機関）の受診を勧めると、抵抗を示される場合が少なくありません。

しかし、お漏らしの場合は、保護者が「どうにかしたい」という必要感を持っておられることが多いので、割と受診についての話題を出しやすいと思います。まずは、小児科や泌尿器科など、抵抗感の少ない科の受診から勧めてみるとよいでしょう。

また、心理的な課題が考えられる場合は、カウンセラーや養護教諭など、心の問題について話を聞ける職員との面接を設定することも問題解決の糸口になると思います。

ストレスと行動4

意味不明の言動

普段はおとなしい子どもが、突然、意味のわからないことを言ったり、ふらついたりしました。演技をしている感じではなく、気持ちが混乱しているのかなと思える状態でした。早退させ、その後家庭でも同じように、意味不明な言動がありましたが、一晩寝たら、翌日は、特に異常は見られませんでした。

過度のストレスがあると、気持ちが混乱して、このような状態になることがあるようです。道に飛び出すなど危ない行動をする可能性もあるので、次に同じような事が起こらないようストレスの原因を特定し、ストレスをなくすように働きかける必要があるでしょう。

ストレスからの解放
ストレス源を特定し、対応する

混乱状態に対応する

まずは、保護する

興奮状態だったり、突発的な行動をしそうだったりする時はもちろんですが、興奮していなくても、おかしな言動がある場合は、まずは、心身の安全が確保できる場所に保護しなければなりません。本人が行きたがらない時にも、「顔色が悪いから」などと理由をつけて、保健室やカウンセリング室など、刺激が少ない部屋に連れて行きます。部屋に入ったら、ぬるめのお茶などを少しずつ飲ませてもよいでしょう。

そして、落ち着いた状態で、その言動が続くかどうか観察していきます。一見、落ち着いているように見えていても、会話が支離滅裂だったり、うまく字が書けなかったりする場合がありますので、話させる、書かせるといった方法を使い意識の状態を調べていきます。

具体的には、「体の調子やその日のこれまでの様子を聞きとる」、「保健室の来室記録などを書かせてみる」などの方法が考えられます。

情報を集める

最初に、その状態が、外傷や脳の異常などと関連していないかを確認する必要があります。特に、足下がふらついている状態だと転倒により頭を打っている可能性もありますので確認が必要です。ただ、本人が頭を打ったかどうかを覚えていないことやうまく説明できないことがありますので、頭部の傷や頭髪の汚れがないかなどの観察を行うと共に、周囲から、転倒等がなかったか情報を集めるようにします。

また、手足のしびれや眼球位置の異常などがないか、養護教諭に依頼して、頭部外傷やその他の脳の異常の可能性についてチェックしてもらいます。

明らかに頭部打撲などがあると判断した場合には、すぐに受診するようにしますが、外傷や脳の異常等との関連が考えられない場合は、「精神的なパニック状態」であるという前提で、しばらく目を離さないようにして様子を見ます。しかし、その場合も、頭痛や嘔吐など頭部打撲に伴う症状と思われるものが現れたら、すぐに受診をしなければならないことは言うまでもありません。

保護者への連絡

保護者への連絡は必須です。学校の問診や視診だけで頭部打撲や脳の異常の可能性を完全に否定することはできませんので、必ず、お迎えをお願いし、帰宅後も最低、一日くらいは誰かの目が届くようにします。

また、奇異な言動を見て、周りが興味本位に「あの子はおかしい」などと騒ぎ出す可能性もあるので、そういう意味でも、混乱状態のまま学校に残すのは避けます。

なお、保護者が希望されるようであれば、そのまま受診をしてもいいでしょう。その際、養護教諭が中心となり、登校前の家での様子や学校での観察結果を踏まえ、何科を受診するかを保護者の希望を含めて慎重に決定します。

気持ちにより添う

つらさを知る

ストレスが長く続くことで､腹痛や不眠などの身体症状が現れることは､広く知られていますし、多くの人が経験します。しかし、このような混乱状態に陥る事例には滅多に出会うことはありません。

このような状態は、ストレスに何とか耐えていたところに、さらなる大きなストレスが加わることで、処理の限界を超えてしまったために起こると推察されます。また、突然、大切な人を失う等、耐えきれないような大きなストレスが降りかかった時にも、一時的にこのような状態になることがあるようです。

次にまた同じ状態が起きることを避けるためにも、強いストレス状態から子どもを救うためにも、その子どもが、どのようなストレスを抱えているかを知る必要があります。そして、そのストレスが特定できれば、それを軽減する、あるいは問題を解決する方法を考えていかねばなりません。

私が経験した中学２年生の女子生徒の例では、両親が彼女の実力以上の成績を望み、毎日、帰宅後～就寝までの間、食事をする時以外は、息をつく時間を与えず、付きっ切りで勉強をみていました。それでも彼女の成績は伸びず、テストの結果が出るその日の朝に異常な言動が起こったのです。当日朝､「登校前､言動がおかしかった」と母親から担任に電話があり、担任がその状況を知りました。

彼女は、登校時間にふらつきながら歩いていて通学路で転倒し、膝に擦過傷を負い出血していたのですが、保健室に行かず、教室に向かっていました。それを､担任が見つけて保健室に連れてきたのです。混乱の原因は、日々の勉強のストレスが続く中、そこにテストの結果渡しという大きなストレスが加わり、耐えきれなくなったのだと推察されました。

複数の目で見守る

子どもがこのような状態であることは、担任だけでなく、教科担任（中学生の場合）や、学年部、養護教諭など関係職員で、しっかり共通理解し、しばらく複数の目で慎重に観察していくことが大切です。そして、次に同じような状態が起こった時にも、先に挙げたような対応がすぐにできるように、体制を整えておきます。また、しばらくの間は、保護者とマメに連絡を取って、家庭での様子も把握しておきます。

複数の目で子どもを見ることで、その子の持つつらさを把握できたり、安全を守ることができたりするだけではなく、周囲の人間が、自分自身がストレスの要因となるような子どもへの対応をしていないか見直すよい機会にもなります。

カウンセラーにつなぐ

外傷や脳の異常でこのような状態が起きているわけではないことがわかったら、かなり大きなストレスを抱えていることは間違いないと思いますので、カウンセリングを設定します。

もし、子どもがカウンセリングへの抵抗を示すようであれば、事情をよく知っている担任の面談から始めてもいいですし、もし、担任と子どもの関係が今ひとつであるならば、養護教諭が話を聞いてもよいでしょう。そして、その中で徐々にカウンセリングを勧めていくようにします。

カウンセラーには守秘義務があり、かつ「学校の先生」ではないことで、教師には話さなかったことでも、カウンセラーには話すということはよくあることだからです。実際、先に挙げた中学生の事例でも、カウンセリングを受ける中で、子どもがカウンセラーに家の状況を話したことで、彼女のストレスの原因を見つけることができたのです。

また、カウンセリングでは、ストレスへの対処法や、ものの捉え方を一緒に考え直していくトレーニングを行うこともできるので、定期的にカウンセリングを受けさせるようにするとよいでしょう。

保護者への対応

ストレスの原因が、学校など家庭外にある場合は、保護者はそのつらさを受け止め励ます大きな協力者になります。しかし、事例に挙げたように、家庭が大きなストレス源になっている場合もあり、そのことを保護者に自覚してもらうのは、大変難しいことです。そこで、子どものカウンセリング結果の報告という形で、保護者のカウンセリングを設定して、そのことを理解してもらうようにします。

また、保護者が子どもを否定的に捉えている場合は、学校から積極的に子どものよさを伝えていきます。もちろん、子ども自身にも、よさを伝えるようにした方がよいことは言うまでもありません。

ストレスと行動 解説 その行動に至るつらさを理解する

人は成長の過程でさまざまなストレスを経験し、それに対する対処法を身につけていきます。しかし、耐えきれないような強いストレスを受けた時や、日々のストレスが積み重なり限界を超えた時に、それを処理しきれず、通常はしないような行動をしてしまうことがあります。特に、精神的に未熟な子どもの場合は、それが起きやすいと言えるでしょう。奇異な行動があると、行動自体に目が行きがちですが、それをつらさのサインと捉え、行動に至った背景の解決にこそ力を注ぐべきです。

◉背景に目を向ける

どんなことがその子どものストレスになっているのか、本人が説明できるなら、こんなに簡単なことはありません。しかし、子どもの場合は、自分自身の生活を客観的に見ることも、つらさが行動につながっていることを自覚することも難しいように思います。

教師が普段から子どもの辛い状況を把握していれば、事例に挙げたような行動がある時に、すぐに対応ができるでしょう。しかし、必ずしも子どもの状況が把握できているとは限りません。まずは、奇異な言動がある時には、耐えられないようなストレスを抱えている可能性があると考え、その背景に目を向けるようにする必要があります。

◉苦しいと言えるようにする

子どもが、つらさを伝えられる場や機会があることも大切です。いつでも話が聞けるような子どもとの関係づくりができていて、なおかつ話を聞く時間設定ができることが理想ですが､日々の教育活動に追われていると、子どもの様子が気になりながらも、そのまま流してしまいがちです。週に一度でも「気になる」を、メモ程度でもいいので書きとめ、声かけをする(→p.114～115)。養護教諭や教育相談担当等に代わりに話を聞いてもらう等の工夫をして､子どもが「苦しい」と言える場と時間を設定しましょう。

◉家庭の抱える問題に対応する

なお、ストレス源が家庭にあることも少なくありません。例えば、保護者の養育態度（子どもを追い詰める過度な期待､抑圧的な子育てなど）や、安心して過ごすことのできない家庭の環境（両親や家族の不和、経済的な問題など）が、子どもに大きなストレスを与えている場合です。

前者で、保護者の自覚がない場合は、まずは、それに気づいてもらう必要があります。保護者と話せる関係性を作る中で、少しずつ伝えていきます。また、後者で学校の対応の範囲を越えている場合は、家庭問題に関わる専門家や福祉の専門家につなぐ体制を作っておくことが大事です*。

いずれにせよ、本来、子どもの安心の場であるはずの家庭が、その機能を果たせていない場合は、学校が、子どもを支える側に回らなければなりませんし、家庭を支える術を持たなければならないと言えます。

＊ 各教育委員会にスクールソーシャルワーカー（SSW）が配置されている。SSW は、福祉、医療等の外部専門機関とのネットワークの活用について検討、助言を行う。
なお、SSW の派遣依頼は、校内の教育相談担当や管理職を通して行う。

自己肯定の困難1

頑張り過ぎる

成績もよく、何でも頑張る子どもがいます。時々、頭痛を訴え保健室で休養することがあり、最近は顔色も悪いので、養護教諭から「頑張りすぎではないか。少し休養が必要」と言われました。本人は大丈夫だと言っていますし、保護者も「少し力を抜くように言っていますが、本人がやりたいと言うので…」と、あまり問題を感じていないようです。

人には得意不得意があります。しかし、中にはいろいろなことが平均以上にこなせる子どもがいて、親や教師は、その子どもに期待をかけてしまいます。そして、真面目な子どもほど、それに応えようとして、持っている力以上を出そうと頑張ってしまいがちです。

しかし、その状態が長く続くと、身体が悲鳴を上げ頭痛などの体調不良が起こります。誰かが「頑張らなくても、大丈夫」というメッセージを与え、心身の力を抜いてやることが大切です。

価値に働きかける
「できなくても OK」を伝える

自分を客観的に見られるようにする

疲れていることを自覚させる

本人も、どこかで無理をしていることがわかっているのかもしれませんが、このような子どもは、基本的に「頑張ることがいいことだ」という気持ちの方が勝っていると思われます。ですから、誰かが身体の不調が出るほど疲れていること、休養が必要であることを知らせる必要があります。

保健室に度々行くということであれば、健康教育の専門家である養護教諭にその役目を託し、睡眠の効果や心身相関（心と体は繋がっていること）など、科学的な根拠を基に、子どもに現在の身体の状態について話をしてもらうとよいでしょう。

養護教諭も、来室時の聞き取りの中で、その子どもの体調不良の背景に気づいていくと思いますが、気になる状況について話をしておくと、上手に関係性を作りながら対応してくれるはずです。

違った価値を与える

このような子どもは、「何でも頑張り、結果を残すこと（できれば、人並み以上にできること）」に価値を置く保護者の希望に、あれもこれもと応え続けてきたと考えられます。また、できた時にはほめられるが、できないとガッカリされるという経験もしてきたかもしれません。

以前、体調不良で保健室に来室した中学１年生の生徒が、まさにそのような状態でした。成績が学年でもトップクラスの彼は、睡眠不足による体調不良でベッドに横たわりながら、「点数もちゃんと取れているのだから、もう少し睡眠を」という私の助言に、「塾では、もっと成績が上の人がいるから、もっと勉強しないと」と、目を潤ませました。

また、会話の中で、保護者が医者になることを望んでいることがわかりました。保護者は、心から医者になることが幸せな人生に繋がると考えているようでした。しかし、このタイプの保護者は、将来の子どもの幸せ（世間に認められた地位に就くこと）を願ってはいるものの、苦しんでいる子どもの「今」には、目を背けることが多い気がします。このような、一つの価値にこだわりを強く持つ親の元で育った子どもの意識を変えることは、とても難しいことです。

しかし私は、このような事例に出会う時、「頑張ることはいいことだけど、無理をすることはいいことではない」と伝えるようにしています。小さなことでいいので、成長の過程で多様な価値に出会えるよう、教育に携わる者として、人が幸せに生きることの意味を教育活動のさまざまな場面で伝えるべきだと思うからです。少なくとも、教師自身が成績を上げることだけが価値であるかのような言動をしていないか、常に自己をふり返る必要があるでしょう。

できないことを許す

間違いや失敗を許す

ただ、頑張り過ぎる子ども全てが、先に挙げた例のような親の価値に縛られ、追い詰められているわけではありません。元々の性格や家庭の躾の中で、少し度を過ぎた真面目さを身につけてしまっている場合もあります。また、過去に失敗を笑われる等の経験があり、極度に失敗を恐れている場合もあるかもしれません。

いずれにせよ、真面目で失敗を恐れるような子どもには、失敗した時にこそ、プラスの反応をしたいと思います。例えば「あら、あなたにもそんなところがあるんだね。先生は、安心したよ」「そんなこと、よくあるよ。だから大丈夫」といった言葉をかけると、子どもに「できなくても大丈夫なんだ」という安心感を与えられると考えます。

また、本人だけではなく、学級全体に「失敗」を温かく受け入れたり、つまずきを糧に行動できたことを認めたりできる雰囲気を作ることも大切です。具体的な方法として、多様性を生かしながら協働して何かに取り組む教育活動を取り入れていくことで、いろいろな価値観を許容する態度が育ち、考え方にも柔軟性が育つと考えます。協働的な学びについては、これからの教育の方向性として多くの書籍が出版されていますので、それらを参考にしてください。なお、協働的な学びを作り出すのに役立つ協同学習の技法についても、p.38 で紹介しています。

いろいろな友だちのよさを示す

学級の子ども一人一人のよさを、すっと言えるでしょうか。どんな時に、子どもをほめているでしょうか？ ふり返ってみてください。

教師が、子どもの多様な「よさ」に目を向け、それを認めることが、子どもたちによい影響を与えます。普段から、教師の姿勢として、一人一人が持つ「独自のよさ」を子どもたちに意識させることが大切なのです。

特に、点数や何かの順位だけの狭い指標を基にしたよさばかりではなく、「友だちを笑わせ和ませてくれる」「よく人助けをする」「手先が器用」など、点数化されないような個々のよさをみつけ、日頃から皆の前でほめていくことが大切です。そのことで、子どもたちにも、多様なよさについて認め合える雰囲気が広がっていくと考えます。

また、それは、点数を取ることや「〜でなければいけない」ということにこだわりを持っている子どもに「自分は自分でいいのだ」といった自分を肯定する気持ちや柔軟性を育てることにつながっていくでしょう。

なお、p.53 で、互いのよさを見つける活動について、いくつか紹介しています。日頃から意識的に、そのような活動を取り入れることもお勧めします。

保護者と話をする

我が子の過度な真面目さを保護者自身が心配している場合は、頑張り過ぎと体調不良の関係について伝え、保護者からも先に挙げたような子どもに安心感を与える言葉かけをするよう勧めます。私の経験では、この提案に対して、ほとんどの保護者が「あ〜、そうなんですねぇ」と納得されます。多くの親が、知らず知らずの内に「頑張りなさい」「ちゃんとやりなさい」といった言葉かけをしていることを自覚するからでしょう。他にも、親が子ども時代の失敗談を話して聞かせるなどのことも効果的だと考えます。また他にも子どもの気持ちが楽になるような手立てがないか、保護者と一緒に考えてみるとよいでしょう。

また、保護者も、子どもと同じように真面目で「〜でなければならない」という考え方をされることが多いので、保護者に対しても、教師が、「そんなこともありますね」「こんな子どももいますよ」などと、柔軟な捉え方につながるような話題を提供するといいでしょう。

ただ、一方で、先に触れたような偏った価値へのこだわりがある保護者もいます。このような保護者への対応は大変難しいです。子どもが無理を重ね疲れていることに薄々気づいていながらも、多少無理をさせてでも、そうすることが将来の子どもの幸せ（成功）に繋がると考えておられるからです。

しかし、子どもの身体を心配しない保護者はいませんので、子どもに身体の不調があるという事実から少しずつ話をしていくようにします。そのためには、保健室で度々対応している養護教諭から家庭連絡をする。または、保護者の同意の下、担任が行う教育相談*に養護教諭も同席し、客観的な事実として、保健室来室の際の子どもの様子を伝えるといった機会を持つようにします。そして、その中で、様子を見ながら、子どものつらさを少しずつ伝えるしかありません。

カウンセリングにつなぐ

子ども自身が、自分が疲れていることを自覚することは、少ないと感じます。真面目な子どもは、無理をするのが普通になっているので、そのことが身体に悪い影響を与えているとは気づかないのです。しかし、時間をかけて話をすることで自分で自覚していなかった圧迫感に気づくことは可能だと思われます。

保健室への来室が増えれば、養護教諭が来室時に話を聞くこともできるでしょう。しかし、他の来室者との関係等で、必ず養護教諭がしっかり時間を取って話を聞くことができるとは限りません。また、このような子どもは、「あれもこれもできることがいい」「できない自分はダメだ」と自分を責める傾向がありますので、その考えを解きほぐすのには、十分な時間が必要です。様子を見ながら、本人の納得の上で、カウンセラーにつなぐようにしましょう。

なお、学年や学校の実態により、カウンセリングは、必ずしも保護者の了解がなくても受けられるようになっていると思います（勤務先の担当に尋ねてください）。最初は、親や周りには言わないという前提でカウンセリングを設定したり、保健室でたまたま会ったようにしてカウンセラーと引き合わせたりすると、子どももあまり抵抗を感じず、カウンセリングに臨むことができます。また、保護者への事後連絡の際も、「たまたまカウンセラーが保健室に来たので」という言い訳もできるでしょう。

＊ 子どもの様子次第で、個別の教育相談を提案する。特別に行うことについて、保護者に抵抗感がある場合は、定例（長期休暇前など）の教育相談会の際に行う。

自己肯定の困難2

マスクがはずせない

カゼなどの感染症流行時期や花粉症の時期でもないのに、常にマスクをしている子どもがいます。給食時間にマスクをはずした時にも、口を隠すようにして食べています。このような子どもは心理的な理由でマスクをしていると聞いたことがあります。どのように接したらいいのでしょうか。

カゼが
なかなか
治らない
みたいだね
あ、
は はい…

小学校低学年の子どもで、常にマスクをしている子どもを見ることは、ほとんどありません。このような子どもは、思春期以降に増えてくるように思います。思春期時期に起こる心理的な葛藤など、何らかの心理的要因が絡んでいると思われます。その子どもにとってのマスクの意味を知り、マスクがなくても大丈夫だと思えるようにしてあげることが大切です。

閉じた心に触れる
その子にとってのマスクの意味を考える

マスクで、何を守っているのか

コンプレックスをカバーする

思春期頃には、「他人からどう見られているか」を、とても気にするようになり、必要以上に、容姿に対するコンプレックスを持つ子どもが出てきます。思春期以降にマスクの常用が増える一つの原因が、この過剰な自意識ではないかと考えられます。

口や鼻、輪郭などにコンプレックスを持っている場合もあるでしょう。また、ニキビができていることや歯並びが気になっているかもしれません。そのような「気になる」をマスクで隠すことで、子どもたちは、そのコンプレックスから抜け出そうとするのだと思います。

また、ネット等で、マスクの小顔効果やマスク美人（マスクをした方が綺麗に見える）など、マスクをすることでのプラス効果が話題になったりしているので、自分を綺麗に見せることに敏感に反応してマスクをしている子どももいると考えられます。

結局のところ、「見られる」ことに過敏になっているという点においては、隠すことも、綺麗に見せることも、同じことなのかもしれません。

コミュニケーションを避ける

コミュニケーションが苦手な子どもにとっては、マスクは「人との交流をシャットアウトする」という意味が大きいと思います。

人との交流方法は、言葉でのコミュニケーションだけに限りません。人の気持ちは、その表情からも読み取れます。このような子どもたちは、「表情」を読み取られることに抵抗を感じていると考えられます。つまり、マスクで口元の動きなどを隠すことで、表情を読み取りにくくし、他の人から自分の気持ちを知られないようにできるという安心感があるのだと思います。

また、会話が苦手な子どもにとっては、口を隠すことのできるマスクは、人と話すことを望んでいないことを表明する（拒否できる）道具にもなります。不登校気味の子どもが、久し振りに登校した時に、マスクをしていることはよくあることです。「私に、いろいろなことを問いかけないで」というサインなのでしょう。

守られている安心感

過去につらい思いをした経験などから、人間関係に対する不安感を強く持っている子どもも、マスクを常用することがあるようです。

私の出会った中学２年生の女子生徒は、小学校の時に男子数名からいじめられた経験がトラウマになっていました。「マスクをしていると安心する」と言っていたのですが、マスクを、他からの攻撃から自分を守る壁にして安心スペースを作っていたのだろうと想像します。

このような理由でマスクをしている子どもがいることを考える時、私たち教師は、マスクをそのサインとして、現在起きている問題はないか、常にその子どもの周辺の状況について目を向ける必要があると思います。

自信を取り戻す

外せない理由に目を向ける

普段マスクをしていない者にとっては、花粉症や感染症の流行時期でもないのに常にマスクをしていることには違和感があり、ついつい「マスクを外した方がいいんじゃない？」と、声をかけてしまいがちです。

しかし、これまでに述べたように、子どもが常にマスクをしているのには、何らかの心理的背景があると考えてみる必要があります。表面に表れている状態だけに目を向け、無理にマスクを外させようとしても、子どもが抱えている問題の解決にはなりません。マスクを外せない理由にこそ目を向けるべきなのです。

それぞれの課題に対応する

マスクをはずせない理由が、容姿の問題だとすれば、日頃の指導の中で、容姿だけではない、人としての魅力について注目させるような話をしていく必要があります。また、見かけに対する差別的な発言に対しては厳しく指導を行い、日頃から、人それぞれによさがあることに触れるように心がけます。なお、歯並びやニキビなど、改善の可能性があるものについては、養護教諭とも相談して、具体的なアドバイスをするといいでしょう。

コミュニケーションの不得意を抱えている子どもについては、普段から把握できていると思います。そのような子どもが常にマスクをしているのであれば、コミュニケーションのシャットアウトという意味合いが強いと考えていいでしょう。無理をしてしゃべらなければならない状況を苦にしていることも多いと思いますので、p.41 ～ p.47 を参考に丁寧な対応を心がけていくようにします。このような子どもの場合は、マスクをしていても、困ることが少ないならば、気長に見守っていってもいいかもしれません。

不安から自分を守る安全確保としてマスクをしている可能性がある場合、先にも触れたように、過去だけではなく、現在、何らかの問題を抱えていないか（学校でのいじめ、家庭の問題など）情報を集めます。もちろん、問題があった場合は、すぐに対応が必要です。

問題に気づくためには、連絡帳や生活調査など、普段から子どもたちの困り感を拾い出す仕組みを作り、常に一人一人の状況を把握するように努めなければなりません。そして、その仕組みの中で問題が見つかったときには、まずは、担任が（必要に応じて、複数で）個別にしっかりと本人や関係者に話を聞きます。また、必要があれば、カウンセラー等の専門家につなぐなどして、子どもが抱える問題解決に努める必要があります。

よさを見つけ、活躍の場を与える

常にマスクをつけている子どもは、自尊感情が低く、マイナスの面にばかり目を向けて、自分を否定的に見る傾向があります。

ここで、自尊感情について、少し考えてみましょう。

自尊感情には、3つの要素があると言われています*。

■**個性の感覚**……自分には自分らしい特質があると感じていること

■**有能性の感覚**…自分にはなすべきことをなす能力があり、能力を効果的に発揮する資質があり、自分を取り巻く環境に影響を与える機会があると感じていること

■**絆の感覚**………自分にとって重要な人、場所、物との関係に満足していること

＊『第25回JKYBライフスキル教育・健康教育ワークショップ報告書』JKYBライフスキル教育研究会（代表　川畑徹朗）編より

「個性の感覚」は、子どもが自分の独自のよさを見られるような言葉かけにより育まれることが期待できます。また、「有能性の感覚」と「絆の感覚」は、活躍の場が与えられ結果を出すこと、所属集団の中で認められることで育まれるものです。つまり、自尊感情を高めるためには、一人一人のよさを見つけ、それを発揮できる場を提供することが大切だと言えます。

教師から子どもへの個別の声かけはもちろんですが、加えて、p.53,58で紹介しているようなゲームなどを通して互いのよさを見つけ合ったり、多様な活躍の場を保障したりと、一人一人の価値が認められる学級経営が、このような子どもの自尊感情を高めていくと言えるでしょう。

「前進」を支援する

「前進」のサインを見逃さず、支援する

私自身の経験からいくと、マスクは、突然取れると言うより、徐々に取れていくようです。その速度は、心の回復の速度を表しているようにも思います。そのサインを見逃さず、先に挙げたような働きかけを行い、その効果を確認しつつ、支援を続けていくことが大切です。

マスクがはずれ出すと、つい、そのことに触れてしまいそうになると思いますが、そこには触れず、笑顔が増えていること、会話をしていることなど、表情の変化をしっかりと見守ります。また、笑顔を見せたときに「先生は、○○さんの笑顔、好きだなぁ」とか、小さな活躍に対しても「ありがとうね。助かったよ」などの言葉かけをすることで、少しずつの「前進」に対して背中を押すことができると考えます。

「役立っている自分」を感じさせる

「よさ」や「活躍」は、人と比べてどうだということではありません。その子自身の進歩や、役割を認めるようにします。

私が出会った、当時中学校2年生の不登校の女子生徒は、赴任後初めて会った時、やはりマスクを着用していました。また、中1の時のカウンセリング記録にも「手で口を隠す」という記録が残っていました。

彼女は、2年生、3年生と続けてカウンセリングを受け、徐々に教室外登校（別室登校）をするようになったのですが、別室の小さなコミュニティの中で、時々やってくる同学年の不登校生徒と交流し、少しずつ笑顔が増えていきました。また、私からの「後輩の○ちゃんをよろしくね」という「要請」に応え、後輩の相談に乗ったり、好きなミュージシャンの話で盛り上げたりしてくれました。そして、気づくと、彼女の顔からマスクがなくなっていたのです。私は、小さなコミュニティという彼女を生かせる空間の中で、彼女なりの役割が与えられたことで、彼女の自尊感情が高まりマスクをする必要がなくなったのだろうと考えています。

このような事例を通して思うのは、「その子なりのよさ」や「役立つ自分」を、自分自身が感じたととき、子どもは自分を認め、前を向いて歩くのだということです。

自己肯定の困難3

一歩が踏み出せない

不登校気味の子どもがいます。少しずつ学校に足が向くようになったので、「ちょっとだけ学校にいる時間を延ばそう」などと小さな前進を促すと、途端に学校に来られなくなります。いつも、このようなことのくり返しで、先に進みません。どう対応したらいいのでしょうか。

このような子どもは、新しいことや少し困難が予想されるようなことをやろうとすると、「できないかもしれない」という不安でいっぱいになり、結果的に先に進むことができなくなります。そして、できなかったことで、「次もできないのではないか」と不安になるという悪循環を起こしている可能性があります。十分な安心感を与えられるような工夫をすること。「できた」という経験を増やしてやることが大事です。

少しの一歩で自信をつける
安心感を与え、できたを認める

安心できる場としての学校

「他と同じように」を求めない

このような子どもは、0か10かの考え方をする傾向があるようです。自分にできる方法でやればいいのだと融通をきかせることができないため、たとえ小さなことでも、教師や親の提案に必要以上に負担を感じてしまうのです。「(パーフェクトに) できるか、できないか」「○か×か」にこだわり、△もありという考え方ができないので、できなかった自分には×の評価をしてしまうのだと思います。

そして、その結果、自分はできないのだと思いこみ、次に少しでも頑張らねばならないことが出てくると、「また、できないのではないか」と不安に駆られ、ますます前に進めなくなるという悪循環に陥ってしまいます。

彼らは、他の子どもと同じペースで進めていないのにもかかわらず、「他と同じように」を意識し過ぎてしまい、一杯一杯になって不安になる。一方で、他の子どもより負担の少ないやり方を提示されると、それはそれで抵抗を感じてしまうというジレンマを抱えているようです。

段階を踏む(後退もあり、急がない)

前に進み出したように見えるのに、後退してしまうことも多々あり、「せっかく前に進んだのに」と、教師や親もがっかりすることが多いかもしれません。それで、つい「このままだったら、どうなるのだろう」と、教師や親もまた不安になり、他の子どもたちと同じレベルに少しでも近づけようと、焦って「次の段階」を急いで提示してしまいがちです。

しかし、まずは、どんなことに不安を感じているのか、子どもの気持ちをよく聞き、その不安に対して十分な安心感を与える必要があります。

例として、「学校に、始業時刻までに行けないかもしれない。遅れた時にクラスの友だちに会って、何か言われたらどうしよう」という不安を持っている場合で考えてみましょう。

まずは、本人の上記のような不安をしっかり具体的に聞き取ります。そして、時間通りでなくても大丈夫なことや、友だちに遅れて来るところを見られないですむ時間帯や方法があること、あるいは、遅れた理由を友だちに教師から上手に説明することが可能なこと等、不安を取り除くための情報を与えていきます。

その後、子どもが少し安心したら、その子の「他と同じようにしなければならない」という意識に対して、「他と同じにできなくてもいい」「あなたはあなたのペースでいい」という姿勢で、子どもと共にできる方法を考えていきます。その際、教師からやり方を提示するのではなく、「〜でもいい」「こんなやり方もある」といった情報を提供し、柔軟に自分ができそうなやり方を考えさせることがポイントです。

上記の例で言えば、「友だちと顔を合わせないですむ９時に登校する」「学校にいる時間は、まず１時間」など、できそうな方法を自分で考え出させるようにします。そして、教師は、自分ができると思ったタイミングでトライしてもいいこと、それができなかったとしても、別の方法を試すことができることを伝えるようにします。子どもが自分なりのやり方を見つけ出せるようにサポートすることが、教師の役割です。

なお、自分で決めた行動が少しでもできたならば、しっかりとそれを認めることを忘れないようにしてください。そうすることで、子どもの意識が、「できない自分」ではなく、「できる自分」の方に向くようになり、少しずつ自信を持てるようになっていくと思います。

よさを引き出す

このような子どもたちは、他と同じようにできないことで、自分に自信をなくしていることが多いと思われます。ですから、子どもたちに、自分のよさに気づかせ、自信を持たせるような働きかけも大切です。

私の出会った不登校気味の中学生に、手先が器用で、手芸やお菓子作りが得意な女子生徒がいました。不登校状態の時に、彼女と電話で話す中で、家でお菓子作りをしていると言うので、何気なく「先生も一度食べてみたいな」と伝えたところ、数日後の放課後、彼女は手作りのお菓子を持って登校しました。彼女に関わりのある先生たちにも配るように促すと、みんなから喜ばれ、朝からの登校がつらい時にも、放課後や他の生徒と会うことの少ない時間帯に、お菓子を持って登校するようになったのです。そして、学年や関係のある先生たちと会話の機会ができ、徐々に学校が独自に設けていた教室外の指導教室（別室）*へ足が向くようになって、そこが彼女の安心スペースとなりました。

また、別室に通う後輩や同学年の生徒たちを盛り上げてくれるという彼女のよさを別室担当の教師が気づき、彼女にそれを伝えたことで、彼女は自分のよさを知り、自分のペースで学校生活を続けることができました。

誰しも、その子なりのよさを持っています。それを引き出し、自覚させることには大きな効果があると、この事例を通して感じています。

少しずつが基本

共に考える

このような子どもたちは、どうして、自分がそうなってしまうのか、自分でもわからず、困っているのだと思います。

年齢によっては難しい場合もあると思いますが、「不安がある→やりたくない→やらない→自分を責める→次もできないかもしれないと思う→不安になる→やりたくない→…」という悪循環に陥っていることを、本人が客観的に知ることも大切です。そして、そのような循環をどこかで断ち切る必要があることを自覚することが、先に挙げた自分で決めた行動に取り組んでみようという意欲付けにもつながっていくと考えます。

ただ、子どもの不安とセットになっている人間が、このような話をするのは、却って逆効果です（例えば、登校渋りの子どもにとって、担任が登校というイメージとセットとして連想される場合）。養護教諭が日頃対応にあたっているなら養護教諭、以前の担任との関係がいいなら元担任。その他に子どもが気軽に話せるような教師がいれば、それらの教師等。場合によってはスクールカウンセラーも含め、誰がその役割を担うとよいか、十分話し合った上で対応をしていきます。

保護者と歩調を合わせる

このような子どもの中には、親（特に母親）への依存が強い子どもも少なからずいると感じます。子どもの育ちを心配するあまり、親が先にものごとを決めたり、子どものつらさを代弁したりしてきたため、結果的に、自分の気持ちを表現する力や、自分で決めて挑戦する力が育たなかったのではないかと感じられる例も少なくないのです。

逆に、子どもに対して支配的で、子どもにできないことがあると感情的なって責めたて、子どもを否定してしまう親もいます。このような保護者に育てられた場合には、子どもは、自分を自己否定してしまうため、前に進むことが難しくなります。

いずれの親も愛情がないわけではなく、子どもに立派に育ってほしいという気持ちは強いのです。ただ、その方法が適切でないのだと言えるでしょう。そこで、できるだけ保護者と話す機会を多くとり、関係性ができたところで少しずつ、「子どもの意思を尊重し、自分のペースで決めることが大事であること」「子どもの状態を責めてはいけないこと」を上手に伝えていきます。そして、先に挙げたような方法を保護者と教師が一緒に考え、家庭でできることと学校でできることを互いに相談し合って、その歩調を合わせて対応することが大切です。

＊ 学校の事情に合わせて、登校渋りの子どもを受け入れるために準備される部屋。校長の裁量で、通級指導教室（原則として、審査を経て対象者が入級）などを、一時的に利用することもある。

自己肯定の困難　解説　思春期時期の不安定さに対応する

思春期時期は、子どもから大人への過渡期であり、二次性徴による体の変化の受け入れの難しさや、依存と自立の間での揺れにより、精神的に不安定になります。多くの子どもたちは、その不安定さと、うまくつき合いながら、自分の力で次第に自己を確立して行きます。ただ、この思春期の揺れ幅は子どもによって違い、激しい揺れを見せる子どももいます。揺れの違いは、なぜ起こるのでしょう。

本来、子どもは自由に自分を表現したり、知りたいことを追求したりしたい等の欲求を持っています。しかし、その欲求を抑え続けていると、いつしか心の歪みが生じ、思春期頃に、単なる不安定さとは違う心身症的な症状が現れます。ある意味では、思春期は、それまでの育ちの結果が、形として現れる時期だと言えるのかもしれません。

◉表面に現れていることの背景を把握する

真面目で従順、あるいは自分の思いを表現できない子どもたちは、自分の中にある苦しさやつらさをため込んでいると思われます。それが、ここで挙げたような、いくつかの形として現れたとき、それを見逃さず、子どもが持つ背景に目を向ける必要があります。

その背景としては、子どもが自分らしさを出すことができないような育ち方をしてきた場合もあるでしょう。また、元々持っている気質や特性により、自分をうまく表現できないという困り感を持っている場合もあるかもしれません。いずれにしても、表面に現れている事象を子どもからのSOSと捉え、その背景に目を向け対応する必要があります。

◉「苦しい」と言えるようなシステムを整える

p.111で述べたように、子どもは、自分の苦しさがどこから来ているのか自分ではわかっていないことが多いと考えられます。まず、子ども自身がその苦しさに気づき、苦しいと言えるような環境が必要でしょう。

つらさが体に表れている場合は、保健室で対応する養護教諭にその役割が期待されます。また、子どもの話をじっくり聞くカウンセラーの活用もできるでしょう。担任だけがその役割を担うのではなく、学校の中に、子どもの心の声を聞くための仕組みや連携のためのシステムを作ることが求められます。

◉親子関係の問題に対応する

このような子どもたちは、過干渉や抑圧的な躾といった親からの不適切な養育の中で育ってきた場合も少なくありません。子どもの幸せな将来を願う思いが、本来子どもが持つ自分らしく生きたいという欲求と合わず、子どもの健全な育ちを阻害してしまうのです。

とはいえ、子どもがどんな状況に置かれているかは、そう簡単に把握できません。そこで、以下に子どもの心の変化や生活状況を見逃さないための実践を２つ紹介します。

なお、不適切な養育をしてしまう保護者は、自分自身が育ちの課題を抱えていたり、夫婦や家族の問題を抱えていたりする場合もあります。それらに学校が対応するのは難しいことです。しかし、「子どもを幸せにする」という同じ思いに立って話をしていけば、わかり合える部分も出てくるし、親自身のつらさも見えてきます。親が、そのあたりの本音を話し始めた時点で、専門家につなぐことも視野に入れ対応するとよいでしょう。

1.「心・生活観察カード」

学校では、朝の会等で健康観察を行います。これは、主に身体状況についての観察で終わるため、生活面や心理面が気になっても、そのままになりがちです。そこで、その「気になる」を、月に１度か２度記録する時間を取ります。次ページの例は、学校全体で取り組む形式のものです。担任はもちろん、全ての職員がそれぞれの立場で「気になる」を記入し、教育相談担当に提出します。場合によっては、ケース会議等につなぎます。

学校全体での取り組みが難しい時は、これらの項目等を参考に、個人で日時を決めて記録をし、必要なら、教育相談担当や管理職等に相談して対応するようにしてもいいでしょう。

（ 1 ）月～（ 2 ）月　心・生活観察カード

（　　）年（　　）組・担任（　　　　　　）

「気になる児童」を見落とさないための連絡票です。「気になること」の意識化と対応の整理のために使用します。

観察方法：健康観察の折、単発の体調不良以外で気になることがあれば、自分で決めた印（　　）を記入しておき、本カード提出時、例に沿ってその旨を記入する。

提出：原則として、その月の２週目と４週目末に配布するので、記入後保健室に提出する。対応の必要なものがあれば教育相談担当で検討する。

	気になる児童の氏名	気になる内容	対　　応	備　考
例	1　五福花子 2　山田一郎 3　※ 該当がない時は、「該当 4　なし」と記入	1 元気がない 2 体の汚れ、匂い	□ 様子観察（ 1 ） □ 担任による教育相談（　　） □ 他教師による教育相談（ 2 ） □ケース会議希望（　　）	山田の相談 →養護教諭へ
1月 前半	1 2 3 4		□ 様子観察（　　） □ 担任による教育相談（　　） □ 他教師による教育相談（　　） □ ケース会議希望（　　） □ その他（　　　　　　）	
1月 後半	1 2 3 4		□ 様子観察（　　） □ 担任による教育相談（　　） □ 他教師による教育相談（　　） □ ケース会議希望（　　） □ その他（　　　　　　）	
2月 前半	1 2 3 4		□ 様子観察（　　） □ 担任による教育相談（　　） □ 他教師による教育相談（　　） □ ケース会議希望（　　） □ その他（　　　　　　）	
2月 後半	1 2 3 4		□ 様子観察（　　） □ 担任による教育相談（　　） □ 他教師による教育相談（　　） □ ケース会議希望（　　） □ その他（　　　　　　）	

2. こころ元気カレンダー

日記風の自分の気持ちを見つめるカレンダーです。朝の会と帰りの会に行うことで、一日の気持ちの変化に気づいたり、出来事と気持ちの関係に気づいたりして、気持ちをコントロールする力をつけます。

12月こころ元気カレンダー　（　年　組）名前（　　　　　　）

＜表の書き方＞

1 朝、この用紙の右側のイラストから 表情 をえらび、当てはまる 番号 を「朝の気分」のわくに書きます。
そして、そのわけも書いておきます。

2 かえりの会の時、朝と同じように今の表情をえらび書き入れます。朝と 番号 が変わっていたら、そのわけも書きます。そして、さいごに「気づいたこと」を書いてください。

※ 一番上の「例」をさんこうにして書きましょう。

	朝の気分	わ　け	かえりの気分	一日のふり返り（気分がかわったわけ）	気づいたこと
例	9	朝から、お母さんにおこられた	13	しゅくだいをほめられた！休み時間、思いっきりあそんだ	思い切りあそぶと、気分がよくなる
5日（月）					
6日（火）					
7日（水）					
8日（木）					
9日（金）					

＊終わったら、おうちで、おうちの人といっしょにふりかえりをしましょう。

おうちの人のサイン

（左側の内容は次ページ参照）

＊大阪人権教育研究協議会の「きもちダイアリー」を参考に筆者作成。右側の表情の図は「モノクロ基本シート」（Part 1）を使用し、それぞれの枠にその表情が表す言葉を追加して使用。

参考：大阪人権教育研究協議会
http://daijinkyo.in.coocan.jp/kyozai/page.htm
（16 × 2 種類の表情を使用できます）

＜中・高学年対象のカレンダー＞

12月こころ元気カレンダー　（　年　組）名前（　　　　　　　　　）

<表の書き方>

1 朝、この用紙の右側のイラストから 表情 をえらび、当てはまる 番号 を「朝の気分」のわくに書きます。
そして、そのわけも書いておきます。

2 かえりの会の時、朝と同じように今の表情をえらび書き入れます。朝と 番号 が変わっていたら、そのわけも書きます。そして、さいごに「気づいたこと」を書いてください。

※ 一番上の「例」をさんこうにして書きましょう。

	朝の気分	わ　け	かえりの気分	一日のふり返り（気分がかわったわけ）	気づいたこと
例	9	朝から、お母さんにおこられた	13	しゅくだいをほめられた！休み時間、思いっきりあそんだ	思い切りあそぶと、気分がよくなる
5日（月）					
6日（火）					
7日（水）					
8日（木）					
9日（金）					

＊終わったら、おうちで、おうちの人といっしょにふりかえりをしましょう。

おうちの人のサイン

低学年では、顔の数を減らし、該当するものに色を塗る簡単なもの。高学年で慣れてきたら、朝の気持ちの理由と一日のめあてを立てさせるなど（例：気持ちが落ち込んでいるので、友だちと遊んで13番の気持ちになりたい）、学年によって、色々なバリエーションを作ることが可能です。

中学校１年生の女子生徒です。腕の内側に複数のひっかいたような線状の傷があります。リストカットをしているのではないかと思いますが、そのことに触れていいのかどうか迷っています。生徒は、多少不安定なところはありますが、学校では、友だちと普通にしゃべったりしています。個別に話を聞いた方がいいのでしょうか。

リストカットは自傷行為（自分で自分を傷つける行為）の一つで、抱えているつらさをうまく処理できないために行う行為だと考えていいと思います。ある意味では、自分の苦しみをわかってほしいという SOS とも言えるでしょう。「リストカット＝自殺」ではありませんが、自殺につながる可能性は否定できません。しっかりと子どもと向き合い、子どものつらさを理解することが望まれます。

苦しさの表れ
SOSをしっかりと受け取り、対応する

リストカットの意味を知る

苦しみから逃れる行為

ある研修会で、精神科医の講師が、自殺と自傷の違いについての次のように説明し、なるほどと思ったことを覚えています。

自殺：苦痛から逃れるため、意識を終わらせる行為

自傷：苦痛から逃れるため、意識を変える行為（生き延びるため、自殺を避けるための手段）

リストカットをする子どものことについて語るとき、「どうせ死ぬ気なんてないのだろう」とか「アピールしているだけだ」とか、冷ややかな言動を見聞きすることが少なからずあります。しかし、通常の精神状態の人間は、自分を自分で痛めつけるということは、まずやりません。自傷は、この医師の説明どおり、その行為をしている間は、心にのしかかる「苦痛」を忘れることができるという意味を持っているのだと思います。

事実、私が出会った苦しみを抱えた子どもの中にも、やはりリストカットやアームカット（腕を傷つける）*をする子どもたちがいました。その経験から、このような子どもたちの身体を傷つける行為に関する医師の説明に私は納得するのです。

自分のつらさを知ってほしい

私が出会ったリストカットをする子どもの中には、自分でつけた傷を隠す子どももいましたが、隠そうとしない子どもも少なからずいました。そのような子どもは、傷つけた場所をさらすことに後ろめたさはないのかと、最初は無頓着であるかのようにも感じていたのですが、何人もそのような子どもと接していく内に、実は“傷ついている事実”を見て欲しいのだろ

うと思うようになりました。つまり、自傷を行う子どもたちは、自分が苦しいということ。また、それを聞いて欲しいという気持ちを、傷を見せることで表現しているのだと思うのです。

子どもたちは、よく「かまちょ」という言葉を使います。「かまって欲しい人」という意味です。ある時の子どもたちとの会話の中で、SNS で知り合ったネット上の友だちが、自分のリストカットについて話してくるということが話題になりました。子どもたちは、そのような相手の心理を「かまちょだから」と表現します。彼らは現実の世界でうまくいかないことや辛いことを抱えていて、ネット上で、自分をかまってくれる人間を探しているのかもしれません。私が出会ってきたリストカットをする子どもたちと同じように、彼らもまた、自分のことを心配して欲しいと助けを求めているのでしょう。

友だち同士での慰め合い、流行

同じクラスや部活などに所属する者数人がリストカットを同時期に行うという例にも出会います。何人かの養護教諭に聞いてみても、そのような事例を少なからず経験しており、多感な思春期の時期に、このようなことが起こることは珍しくないようです。そのような子どもたちを見てみると、耐えがたいつらさを抱えているという程ではなくとも、思春期特有の不安定さを自傷という行為で表しているようにも思えます。おそらく、ストレスに対応する方法を他に獲得してこなかったか、「仲間意識」のようなものが働くためではないかと想像します。

また、近年の傾向で言えば、ネットでの交流が盛んになり、ネット上でそのような話題が飛び交っていることも、一つの誘因になっていると考えられます。「自分もやってみよう」と、流行としてリストカットが行われているという話を耳にしたこともあります。とは言え、健全に日々を送っている子どもには見られない行為であることは間違いありません。自傷行為をする彼らが、心の問題を処理しきれず、そのような行為に至っていることは間違いないでしょう。

柔軟に対応する

関係性の中での距離感を頭に入れ対応する

「意外に傷を隠さない子どもがいる」という私の経験について、先に触れました。これは、保健室という安心の場、あるいは、話を聞いてくれる養護教諭のイメージという条件が揃い、「聞いてもらいたい」という気持ちが前面に出るためなのかもしれません。しかし、だからと言って、子どもは養護教諭以外には傷を見せないというわけではなく、「この人に聞いてもらいたい」という気持ちを持てるような関係性がある場合は、養護教諭でなくても、傷を見せてくることは、もちろんあるでしょう。では、その時に、どう反応したらいいのでしょうか。

傷ついた部分を見て驚き、「なんで、こんなことをしたの？」「自分の体に傷をつけるなんて」などと、つい「指導」を始めてしまうかもしれません。しかし、それは、いい方法とは言えません。子どもは、自傷がいけない行為だということは十分わかっています。ですから、自傷という行為自体ではなく、その背景にある苦しさに目を向け「それ（自傷）をしてしまうほどのつらさを抱えているんだね」「心配しているよ」というメッセージが伝わるように、気持ちに寄り添うことが大事です。

また、子どもが意図的に傷を見せなくとも、たまたま傷を目にすることがあるかもしれません。そのような場合には、傷や気持ちにいきなり触れず、それとなく見守る、声をかける、その子どもの友だちに様子を聞いてみるなどして、まずは、その子の状態（本人自身の様子の変化や環境の変化など）を把握します。

そして､その子どもが何らかのつらさを抱えていると考えられる時には、担任による教育相談を持ったり、養護教諭や、その子どもとの関係性がいい他の教師から声かけをしてもらうようにしたりして、慎重に話を聞いていくようにします。

話を十分聞き、解決について考える

時間を十分取って話を聞くことは、子どものつらさの原因を掘り起こすのに意味があると共に、「つらさをわかってくれる人がいる」という安堵感を子どもに与えます。また、話を聞く中で、友だちとのトラブルや親子関係など、きっかけとなる問題がわかった場合は、その解決法を一緒に考えていくことで、子どもに困難を解決していくことへの希望を持たせることができます。私の経験でも、リストカットをしていた子どもの話を聞いていく中で、同級生から暴力を受けていたことがわかり対応した例があります。

一方で、話を聞いても、これと言って大きな原因が特定できない場合もあります。そのような場合、子ども自身の特性やものの捉え方に問題があるのかもしれません。また、ストレスから抜け出す方法の選択肢が少ないことが、自傷につながっている場合もあるでしょう。以下のことを頭に入れて対応していくようにします。

◎相談相手がいるということを認識させる

コミュニケーションの不得意を抱えているための孤独感や「どうせ、何も変わらない」という無力感が自傷につながっている場合もあると考えられます。また、相談相手がいたとしても、相手（友だち）が同じようなタイプのため、共に落ち込み、逆にマイナス感情を増幅させていると感じる事例に出会うこともあります。このような子どもたちは、誰かに相談することのプラス効果を実感できていないと思われます。

ですから、子どもが、教師を「苦しさを理解し、力になってくれる信頼できる相談相手」として認識できるように、根気強く話を聞き、関わっていく必要があります。

◎「考え方の癖」を変える働きかけをする

自傷をする子どもは、自尊感情が低く、いろいろなできごとをマイナスに捉えがちです。また、0か10かといった極端な考え方をする傾向もあります。話をする中で、マイナスな考え方をする自分の「考え方の癖」を客観的に捉えさせ、他にも色々な考え方があることを示して、考え方を修正し、一緒に柔軟な考え方を見つけていく時間を取るようにします。

◎他の方法を見つける

人は皆、それぞれストレスを抱えており、それに対して自分なりにいくつかの方法を準備しストレスを解消しています。しかし、自傷を行う子どもは、他に方法を持たないのかもしれません。自傷以外の方法を身につける必要があるのです。例えば、リストカットしたい衝動に駆られたときには、気持ちの方向を変えるために紙に落書きする、絵を描くなど。また、自傷自体を防ぐための代わりの行動として、赤いペンで皮膚に線を描く、氷などの冷たいものを腕に当てて刺激するなどの方法が考えられます。ただ、それらは、あくまで、自傷の代替え的なことなので、先に挙げたような、ストレスを感じた時に誰かに相談する力や、つらさから離れるためにリラックスする方法などを身につける訓練、ものの捉え方を変える訓練などを続けていくことが大切です。

多くの目で見守る

保護者連絡は必須

保護者は、自傷行為に気づいていることが多いと思います。しかし、それを、学校に相談して来ないかもしれません。また、意外に、自傷に気づいていない場合も考えられます。ですから、学校側が自傷に気づいたら、必ず保護者に連絡をするようにします。最初に書いたように、自傷が自殺につながることが否定できないからです。特に、食欲不振、無気力などの抑うつ状態がある場合、自殺につながる可能性が高いので、家庭での様子をしっかりと観察してもらうようにします。そして、家庭での様子と学校での様子について、互いに情報交換し、それぞれの役割について話し合って対応していきます。

なお、自傷の事実を家庭連絡する際には、保護者が感情的になることも考えられますので、いきなり子どもに対して、感情的な対応をしないように、家庭でもp.120で挙げたように、行動を止めさせることだけに焦点を当てず、冷静な対応をお願いする必要があります。

連携して対応する

先に書いたように、リストカットを、ただのアピール行為だと捉え、軽く見てしまうことも少なくありません。しかし、その行為が子どもからのSOSであること、自殺につながる可能性があることを、校内でしっかりと共通理解して対応を検討しなければなりません。まずは、担任はもちろん、養護教諭、部活担当者など、その子どもに関わりのある職員、管理職で問題を共有します。

そして、個別のケース検討会を持ちながら、問題がいじめなど学校側にあると考えられる場合は、早急に対応をします。また、家庭に虐待などの問題がある場合や自殺企図がある場合など、学校の対応では解決が難しい時には、校内外の専門家に早めにつないでいきます。

＊ 自傷行為はリスト（手首）だけに限らない。腕の内側や外側など広範囲にわたる。

つらさの回避2

小学生の自慰

小学校４年生の男児の保護者から、子どもが自慰にふけっている、人前でするようになったら、どうしよう。どうしたら止めさせられるかという相談を受けました。日頃から自信のなさが見受けられる子どもです。どのように、保護者に答えていいか、子どもにどう話せばいいのか悩んでいます。

その子どもの自信のなさは、どこから来ているのでしょうか。保護者は子どもを否定するような養育をしていないでしょうか。

子どもの自慰は、大人が感じる快感というより、文字通り、自分（の気持ち）を慰める行為だと捉えていいと思います。自分の身体ですから、性器を触ること自体には問題はありません。行為を否定するのではなく、その行為につながっていると思われるその子の背景を改善し、気持ちの転換をさせるようにします。

自分を慰める行為
行為の意味を知り、対応する

その子にとっての行為の意味を知る

たまたま感じた快感

幼児が、たまたま性器周辺の刺激に気持ちよさを感じて、就寝時などに性器を刺激するということは、珍しくないようです。しかし、学童期には、一般的に学習や友だちとの遊びなどに意識が向き、性的活動は一旦収まると言われています*1。その後、思春期以降には、性ホルモンの分泌が始まり、二次性徴が起こって来ますので、性的な快感を感じて自慰をする子どもも出てきます。ただ、この事例では、小学校４年生の男児ということですので、大人が思うような性的快感を感じて自慰をしている可能性は低いかもしれません。

代償行為としての精神安定

前項では、つらさやストレスから逃れるための行為としての自傷（リストカット）を取り上げました。学童期の自慰行為も、それに似ていて、快感を得ることでストレスやつらさを忘れ、気持ちを緩めるという意味合いがあると考えられます。

実際、私も５年生の男児の自慰行為について相談を受けたことがありますが、その子どもの場合が、まさにそうでした。普段から、成績が振るわず肥満傾向の息子を否定的に捉えている母親から、人前でも「あほ」「デブ」などと蔑んだ呼び方をされており、気になっていた子どもです。彼は、５年生にしては幼く、まだ二次性徴も始まっていませんでしたので、普段の母親の言動やクラスでの様子から、おそらく自分を慰めるために、その行為をしているのではないかと推測し、対応したのです。

学校での対応

自慰行為は、先にも挙げたように、幼児の場合、たまたま何かのきっかけで気持ちがよかったから触るようになったとか、性器あたりにかゆみがあるので触っているということもあります。また、思春期以降に性的な快感を覚えて自分の性器を触ることがあっても、生活の妨げにならない限り、プライベートな行動として行われるのであれば、それ自体、問題はありません。

ここでは、子どもが精神的な不安を抱えているために自慰を行っているという前提で、どう対応したらいいかを考えてみましょう。

日常の様子を観察する

子どもの自信のなさは、どこから来ているのでしょうか？学力的に厳しいのでしょうか？それとも、自身の理想が高すぎて自分を低く見てしまうのでしょうか？

前者であれば、学習障害などの発達の課題が関係している場合もありますので、学習形態や個別の配慮を行い（→ p.50 ～ 51）、自信を取り戻す工夫が必要でしょう。また、後者であれば、柔軟なものの捉え方ができるような支援（→ p.109 ～ 112）も必要になると思います。

なお、友だち関係がうまくいっていない、見えないところでいじめが行われているなど、学校生活の中でのストレスはないか、注意深く観察していく必要があることは言うまでもありません。

保護者との関係を見る

先に挙げた例では、保護者の言動からもわかるように、保護者が子どもを否定し続けており、それが自慰の原因だと考えられました。

このように、親からの否定や過干渉などにより、子どもに大きなストレスがかかっている場合、リストカットや前項で挙げた抜毛、作話などの形でSOSを出してくることもありますが、人知れず自慰行為にふける場合もあると思われます。
それに対して、保護者は、子どもの行為だけに目を向け、そのことを責めたり、それまで以上に子どもを否定したりしてしまいがちです。また、逆に、過干渉な親は「愛情不足かもしれない」と思い悩み、よかれと思ってさらに干渉をしてしまうかもしれません。いずれの場合も、子どもへの接し方を見直してもらうような働きかけが必要です。
そのためには、まず、保護者の子どもへの接し方を把握しなければなりません。保護者と話す機会を持つ、また、学級の活動で家庭の様子について書かせる等の取り組みをして、親子関係を見ていきます。

性教育の必要性

小学校では、４年生の体育科保健領域、体の発育・発達に関する単元で、二次性徴を学習します。また、６年生の病気の予防単元の一部に HIV 感染が含まれます。小学校で性に関する項目を教科として取り扱うのは、この２つだけです。地域によっては、学級活動等で扱えるような性教育の手引きなどを作成し性教育を推進しているところもあるかと思います。しかし、基本的には、教科以外の性教育は学校の裁量で行われており、十分ではないというのが実情だと思います。
一方で、インターネットの発達に伴い、性に関する間違った情報が選別されることなく流れ、時には、子どもが性犯罪に巻き込まれることもあります。このような実態を考えると、私は、幼稚園時期、あるいは小学校低学年のうちに、「プライベートゾーン」として性器の大切さを学ばせることが大事だと考えています。性器（プライベートゾーン）を、命に関わる大切な場所、他の人が侵すことのできない場所として認識させておくことで、自分の身体を守る意識が育つだけでなく、過剰な自慰や性器を傷つけるような自慰に走ることも防げると考えます。
なお、プライベートゾーンに関する指導について、p.129 に紹介していますので、参考にしてください。

子どもへの接し方の見直しのために

私は、先の例に挙げた母親に以下のようなアドバイスをしました*2。

①自慰に関しては、触れないこと。もちろん責めてもいけないこと。（自慰の意味についても説明）

②子どものよいところを見つけて、それを伝える。できる限り否定的なことは言わないようにすること。

③弟のいないところで、「特別」（おやつなど）を与えること。

現れている行動にとらわれず、子どもを認め、あなたが大事だというメッセージを伝えることを実行してもらおうと考えたのです。

母親は、すぐにでも自慰を止めさせられる妙案を望んでいたのでしょう。私のアドバイスに戸惑っていましたが、自慰と心の関係については理解し、アドバイスを実行しました。また、担任も彼のつらさを理解し接してくれたので、彼の自慰行為は徐々に治まっていったのです。

なお、保護者に話をする際、一つ注意したいのは、保護者を責めるような言い方をしないということです。「原因は、はっきりわかりませんが、何か辛いことがある時にも自慰をすることがあるので、このような方法を試してみてください」といった言い方で具体的な方法を伝えます。

気持ちを紛らわせる　得意を見つける

つらさから離れる方法が、自慰以外に見つかると、少しずつ自慰も減っていくと考えられます。家族でゲームをするなどして会話を増やす、興味のあるものを与えるなど、気持ちを紛らわせたり他に意識を向けたりできるような工夫について、保護者に提案してみるのもいいでしょう。

また、学校では、子どもの得意とすることを見つけ、それを認めたり自信を持つような場を与えたりして、学校生活が楽しいと思えるような工夫をします。そして、教師が気づいた子どもの得意なことやよさを保護者に伝えるようにすると、保護者も子どもをプラス評価で見るようになって家庭での接し方も変わるというよい循環ができると思われます。

＊1フロイト「小児性欲論」を参考
＊2アドバイス例の②③は、子どもを否定している保護者へのものです。過干渉の場合は、干渉しすぎないようなアドバイスが求められます。

◎プライベートゾーンの指導例

小学校低学年向けの指導です。簡単な流れを以下に紹介します。

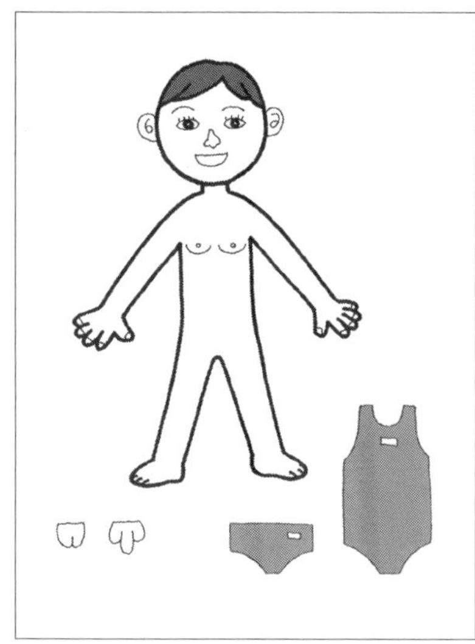

〈準備〉

- 黒板に身体の形を描いておく
- 男女の性器、水着(画用紙などで作成)に磁石をつけたもの

〈指導の流れ〉

1. **身体の形に、以下の順番で、パーツ（器官）を描き入れながら、子どもたちに名称を尋ねる**
   目、鼻、口、耳、眉、まつげ、爪、乳房、性器（男子→女子）
   ──乳房と性器では笑いが起こる。「おかしな役目を持っているんだね？後で、働きを聞くのが楽しみ」と大げさに反応。
2. **それぞれの器官の働きを、描き入れた順に聞いていく**
   ──性器は、男女共「排尿や命を生み出す“命に関わる場所”」と指導。女性器の働きを先に指導（産道があることを知っている子どもは多いが、睾丸の役割は、ほとんどの子どもが知らないため）。
3. **プライベートゾーンについて話をする**
   ──水着を着けるところは、命に関わる大切なところ（乳房は赤ちゃんの命を育てると説明）で、他人が侵してはいけないことを押さえる。

つらさの回避3

摂食障害

小学校６年生の女子児童です。この１～２ヶ月のうちに、みるみる痩せてきていて気になっています。給食も、ご飯やパンを中心に残すことが多く、家庭連絡をしてみると、家でも食事を減らすようになっていて心配しているとのことでした。本人に体調を聞くと、「大丈夫です」としか答えません。今後、どのように対応したらいいのでしょうか。

体重減少が続く場合、まずは、病気の有無を調べる必要がありますが、この事例は、本人が食事量を減らしているということで、意図的に痩せようとしていると思われます。

ただ、もし痩せ願望があったとしても、成長期の子どもが過剰な食事制限に没頭し、月に数キロ単位で痩せるのは、異常だと言えます。これまでの体重変化を確認し、食事を避ける以外にも、ある一定の行動変化があるようであれば、摂食障害*の可能性があると考え対応が必要です。

こだわりからの解放
自己否定と歪んだボディイメージを修正する

予防・観察

体重の変化を把握する

「どの家庭にも、体重計がある時代に学校で体重測定をする意味があるのか」という意見を聞いたことがあります。その意見を聞いた時に、「確かにね…」と思いつつ、何だかモヤモヤしたのですが、返す言葉が見つかりませんでした。しかし、その後摂食障害の子どもに出会ってから、私の中で「学校での体重測定の重要性」が明確なものとなりました。

20年ほど前のことです。健康診断の執務がやっと落ち着いた7月に、6年生の保護者から「娘が痩せてきている。学校での様子はどうか」という問い合わせがありました。調べてみると、彼女の体重は4月から7月の間に7kg近くも減少していました。1学期に3回の体重測定をしていたにも拘わらず、私は、大規模校での健康診断の仕事に追われる中、それを十分把握していなかったのです。恥ずかしながら、私はその時に初めて学校での体重測定の意味を改めて考え、養護教諭である自分の責任の重さを痛感することとなりました。

学校での体重測定は、成長期の子どもの異常を見つける大切な機会です。定期的に実施することはもちろん、その結果をしっかりと記録し、データを分析して、必要な対応を確実に行う必要があるのです。

ボディイメージに対する価値観を変える

他国に比べて、日本人の痩せ思考は、ある意味異常だと言えます。もう15年ほど前になりますが、私が目にしたある調査（身長160㎝の成人女性の体重に関する意識調査）では、アメリカ人と日本人の女性の理想体重に、大きな差があり驚いたのを覚えています。アメリカ人が答えた平均の値が、ちょうど標準体重くらいだったのに対して、日本人女性の答えは、それより10kg近く少なかったのです。おそらく、現在もこの意識は、ほぼ変わっていないと思います。

日々流れるダイエット番組や痩せるための広告は、大人だけではなく子どもにも大きな影響を与えています。また、身近な大人である教師や親の「痩せていることがいい」といった不用意な言動が子どもの価値観に与える影響も大きいと感じます。そして、この痩せ思考が、日本での摂食障害患者の増加に少なからず関係しているのではないかと私は考えています。

肥満傾向の子どもの体重調整中を除き、成長期の子どもの体重は増加するのが正常であることは言うまでもありません。しかし、子どもに「身長が伸びるのはうれしいか」と聞くと、ほぼ全員が「うれしい」と答えるのに対し、体重の増加をうれしいと答える子どもはほとんどいません。大人世界の価値がそのまま、子どもの世界に持ち込まれているのです。

学校は子どもの健全な心身の成長を支援する場所です。ですから、心身の成長について、正しい理解を促す保健教育の実施は必須です。少なくとも、教師には、健全な健康観を持ち正しい言動を心がけることが求められます。

摂食障害を起こしやすい子どもの特徴と行動変化

痩せ思考があるからといって、全ての子どもが摂食障害を起こすわけではありません。摂食障害を起こす子どもには、以下のような特徴があると言われています。

- **性格的傾向**……まじめ、頑張り屋、完璧主義、自己評価が低い、周りに合わせる
- **家庭の背景**……厳格すぎる子育て、放任、家族の不和

また、以下のようなことが発症のきっかけとして挙げられます。

- **精神的な要因**…「太ったね」と言われた経験、学業不振、友人関係のトラブル、過度の頑張り
- **身体的要因**……病気による体重減少、慢性疲労、習い事等での体重制限、嘔吐の経験

なお、体重減少が発見の大きなポイントですが、「給食を減らす」「立っ

ていることを好む」「室内を歩く」などして体重を減らそうと努力する。表情が乏しくなるなどの行動変化についても観察が必要です。

発見した時の対応

以下の症状がある場合は、単なる「やせ」でなく、既に摂食障害の段階に入っている可能性がありますので、できるだけ早く医療機関につなぐようにします。

- **月に２～４Kg の体重低下**
- **標準体重のマイナス 20%が３ヶ月以上継続**
- **低体温、低血圧**
- **女子であれば、無月経**

しかし、本人は自分のことを「いたって健康」と思っている場合も多く、端から見て相当痩せていても、「もっと痩せなければならない」と痩せへの拘りを強く持っているため、自分を異常だと認めないことも多いようです。以下の段取りで、学校と家庭が協力して医療機関につなぎます。

本人と話す

まずは、体重の記録など、事実を見せ、このままだと「体全体の機能が働かなくなってしまうこと」「身長の伸びにも影響すること」「将来の骨粗鬆症のリスクが高くなること」などについて話をします。また、体重の回復については、本人が体重増加に強い恐怖を持っていることに配慮し、まずは体重を増やすのではなく、体重を維持するよう伝えます。

なお、子どもと話をするのは、子どもが、学校内で唯一心身の専門家だと認識している養護教諭が適役だと思います。また、スクールカウンセラーとの面談も視野に入れ対応します。

観察

一旦、子どもとのつながりができたところで、少なくとも週に１～２回は、体重、脈、血圧などのバイタルサインを測定するようにします。また、肌の状態などもしっかり観察していきます。

<注意すべき状態>

- 体重減少
- 低体温、低血圧、徐脈・不整脈
- 口腔の変化（歯の変色、歯肉炎、唾液腺の腫大）
- 便秘
- 肌や頭髪の乾燥、脱毛
- 無月経

医療につなぐタイミング

繰り返しになりますが、摂食障害を起こしている本人は、体重が増えることに大きな恐怖を感じており、異常に痩せているにも拘わらず、「もっと痩せねば」と思っています。そんな子どもにとって、病院は太らされるかもしれない場所であるため、拒否感が強く、受診させることは大変難しいことです。

まずは、本人の観察と面談を続け、先にも挙げた摂食障害に伴う身体への影響などを伝えます。また、「あなたのことを心配している」というメッセージを伝え続けて、子どもとの関係性を作ることが大事です。関係性ができたら、期限を決めて、その期限まで体重維持ができず、体重が減るようであれば受診するという約束をするようにします。また、精神科の看板をあげている病院ではなく、子どもの心理的なことも診てもらえる小児科を選択すると抵抗感が少ないでしょう。

もちろん、保護者とは逐一連絡を取り合うことが大事です。そして、子どもの状態を共有しながら、保護者と相談の上で、できるだけ早く医療につなぐようにしなければなりません。

＊ 摂食障害には、神経性食欲不振症、神経性過食症、過食性障害などがありますが、ここでは、主にいわゆる拒食症（神経性食欲不振症）について取り上げています。

◎摂食障害に関する指導例

■図1　摂食障害に伴い起こる心身の変化

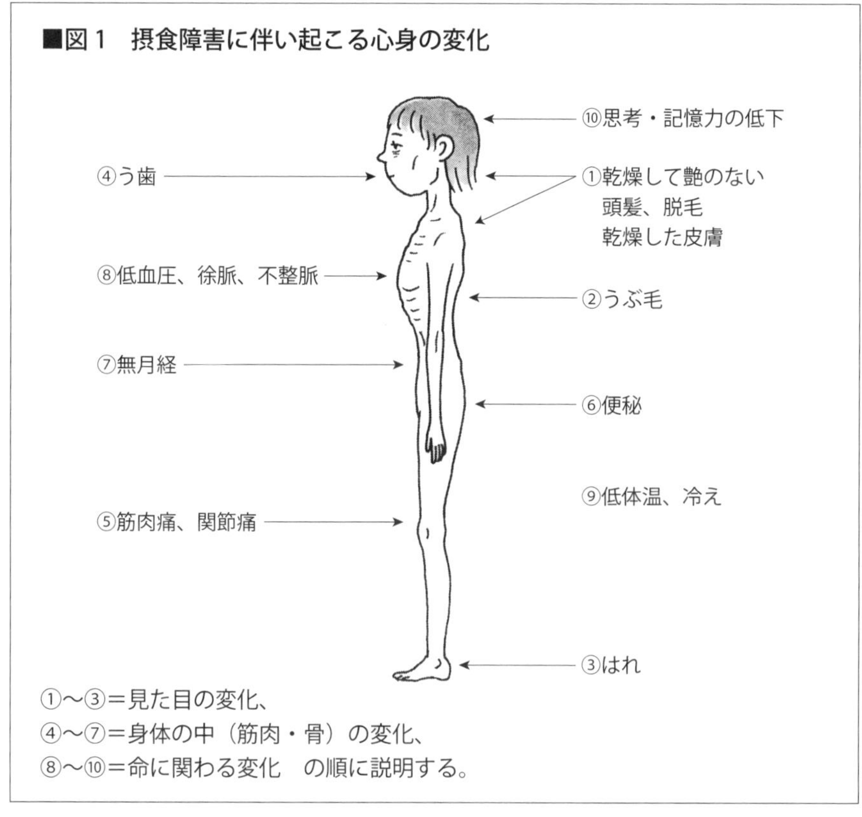

日野原重明 監修　堀田眞 著『内科医にできる摂食障害の診断と治療』三輪書房　をもとに著者作成

〈指導の流れ〉

1．自分たちの「痩せ思考」について自覚させる。

──身長・体重が増えたらうれしいか、それぞれについて聞く

──日本とアメリカで身長が 160cm の女性に聞いた理想体重の差が 10kg 近くあったことを知らせる（米は標準体重と同じ位）

2．拒食症の症状について知らせる（図 1）。

3．無理なダイエットの害（身長の伸びの抑制、骨粗鬆症等）を知らせる。

※成長曲線、骨のレントゲン写真等を活用

つらさの回避 解説 自尊感情を高め、不適切な行為を遠ざける

ここで取り上げたような行為をする子どもは、自尊感情が低く自分を認めることが難しい子どもたちだと言えます。自尊感情の形成には、"重要な他者"からの評価や承認が大きな影響を与えるとされています。"重要な他者"とは、両親、友だち、教師などを指しますが、就学前に大きな影響を与えるのは、両親です。彼らの成長の過程で、親から承認されなかった経験が、自尊感情形成にマイナスに働いた可能性は高いと言えます。

◉自信の回復

心理的な発達に伴い、子どもにとっての"重要な他者"には、友だちや教師が加わります。そして、所属する集団の中で、親以外の重要な他者から認められる機会が与えられることは、自尊感情形成に対しプラスの働きをします。また、何らかの成功体験も、「有能性の感覚」を刺激し、自尊感情を高めます(→p.106)。

私自身、心理的に不安定だった子どもが、高学年になりクラブチームでの活躍や高学年としてのリーダーシップを発揮する機会を得て、周囲から認められ、落ち着いていった例をいくつも見てきました。

教師や周囲からの存在を認める言動が"大切に思ってくれている人がいる"という安心感を与えるのだと思います。また、活躍の場が与えられ、自分の頑張りに対する教師や友だちからの承認を得たことが、彼らの自己有用感を高め、彼らの自信の回復に繋がったのだと考えます。

◉他のことに目を向ける

自尊感情の低い子どもたちと接していて感じるのは、意識が常にマイナスの面に集中してしまうということです。私は、落ち込んでいる子どもたちには、「人は、一度に二つのことを考えられないから、別のことを考えよう」と投げかけていました。その子どもの好きなことや楽しかったことの話題を振り、意識を変えることで、自分の気分が変わることを体験させ

ていたのです。

自傷などの不適切な行為をする子どもは、不安から気持ちをそらす方法の選択肢が少ないのだと思います。そのような子どもが落ち込んだ時に、気持ちを切り変えるための選択肢をできるだけ沢山増やすことや、得意なことに気持ちを向けることができるようになるための支援が必要なのです。

◉保護者への働きかけ

このような子どもの保護者と接していると、保護者自身も、育ちの中での課題を抱え、それを解決できないままに親になったのかもしれないと感じる例に時々出会います。そのため、そのような保護者は、時に学校に対して攻撃的になったり、過剰に依存してきたりと、その対応は、大変難しいものです(→[Ⅲ 保護者への対応]p.180～)。場合によっては、専門家に間に入ってもらうことを考えなければならないこともあります。いずれにせよ、教師は、保護者に対して、距離感を適度に保ちつつ、「私はあなたの敵ではない」「共に子どもの健全な成長を考えましょう」というスタンスで、丁寧に対応することが大切です。

愛着の課題1

体が小さく口臭がある

小学校3年生の女児ですが、他の子どもに比べてかなり小柄です。好き嫌いはなく、給食も他の子どもと同じか、やや少なめですが食べています。家庭が経済的に苦しいというわけではないので、家での食事もとれているはずです。他にも、口臭が強いことが気になっているのですが、保護者は、「その内、大きくなる」という程度にしか考えていないようです。

成長期なのにも拘わらず、身長の伸びや体重増加が少ない場合、まずは成長障害*1を疑います。しかし、保護者の愛情を適切に受けていないことが原因で身長が伸びないこともあり、注意が必要です。まずは、成長障害がないか、病院で調べてもらう必要があるでしょう。その上で、子どもの日常の様子などをしっかりと観察し、家庭での不適切な養育状態が発見されれば、対応をしなければなりません。

体に表れるつらい背景
不適切な養育の中で育つ子ども

不適切な養育と体の関係

体が小さい

学校では、定期的に身体計測が行われ、その記録が残っているので、本人のデータを成長曲線＊2に重ねて見ることで、大まかな成長の不具合をつかむことができます。養護教諭と相談して、その子どもの身長が平均から大幅に外れている場合や、増加率の急激な低下などが見られるような場合は、まず保護者に連絡し病院で専門的な検査を受けてもらうよう促します。

受診の結果、治療の必要がないと診断された場合は、保護者から適切な愛情を受けていないために発育が悪い場合も考えられますので、そのことを頭に入れて観察していきます。具体的には、家庭での食事は十分に摂れているか、心理的に追い詰められるような状況（厳格過ぎる子育て、両親の不仲など）はないか、ネグレクト（育児放棄、育児怠慢）の状況はないかなどを確認します。

口臭

口臭には、さまざまな原因が考えられますが、子どもの口臭の主な原因を３つ挙げてみます。

1）**口呼吸**……………いつも口を開けているため口の中が乾燥し、口腔内の自浄作用が低下する

2）**歯肉炎・むし歯**…歯肉炎やむし歯が進んで口腔内の細菌が増えることで、匂いがするようになる

3）**ストレス**…………ストレスにより交感神経が優位になることで、唾液分泌量が減少し、口腔内の自浄作用が低下する

１については、口呼吸の原因になっていると考えられることを取り除くこと（鼻づまりを改善したりマスクの多用をやめたりすることなど）で、鼻呼吸ができるようになり、結果的に口臭を改善することができるでしょう。しかし、２と３については、不適切な養育との関連も考えられますので、慎重に子どもの家庭環境を調べてみる必要があります。

例えば、子どもがネグレクト状態にあると、家庭での歯みがきの躾が十分でないため、歯肉炎やむし歯ができやすくなります。また、このような家庭では、むし歯の治療をせず放置していることが多いので、むし歯が進行し、数も多くなってしまいます。そのため、口腔内の細菌が増えて、口臭がするようになるのです。

歯科医院で、口腔の状態からネグレクトが発見されることは珍しいことではありません。子どもの口臭がひどい場合、学校での歯科検診結果記録を調べてみて、その結果、重度の歯肉炎がある場合や未処置歯数が多い場合は、ネグレクトの可能性を疑ってもいいと思います。

また、家庭での厳格過ぎる躾や、体罰・暴言を受けている子どもの場合は、そのストレスから歯肉への血流が悪くなることや、唾液の分泌量が減って口腔内が乾いてしまい自浄作用が低下することから口臭がきつくなっている可能性も考えられます。

以上のことから、口臭が強い子どもについても、体格同様に、つらい生活背景がないかを見極める必要があります。

虐待を疑う

もし、子どもに発育不全や口臭がある場合、虐待の可能性も考え、以下に挙げるような虐待が疑われるような様子が他にないか、慎重に観察していきます。なお、虐待と言うと、暴力行為（身体的虐待）を想像する方が多いと思いますが、虐待が４つの種類に分類されていることも知っておきましょう。

身体的虐待：殴る蹴るなどの暴力行為
性的虐待　：子どもへの性的行為、性行為を見せる等

ネグレクト：食事を与えない、不潔にするなどの育児放棄・育児怠慢
心理的虐待：言葉による脅し、無視、子どもの前での DV 等

身体的虐待がある場合

■体に触れさせない

日常的に暴力を受けている子どもには、以下のような行動が見られることが多いようです（性的な虐待の場合も同様）。

- 体に触れようとすると、ビクッとする。
- 肩などに触れようとすると、手で防御するような行動をする。

■不審な傷

腕や、足、顔などに青あざや傷があり、理由を聞くと、ぶつけたとか転んだとかと答えることが多く、また、けががあるのにもかかわらず、学校で、その傷について訴えることがあまりありません。

その他にも、暴力に対する抵抗感がないため、その子ども自身が他の子どもに手を出すなどの行動があったり、精神的に不安定な面が見受けられることもあります。また、低学年であれば、学校でのお漏らしなどが見られる場合もあります。

ネグレクトがある場合

■服や体の汚れ

ネグレクト状態にある子どもは、口腔の清潔だけでなく、体の清潔や衣服の着替えなどにも親の注意がいかないため、同じものを何日も着ていたり、首筋や耳の後ろ辺りに汚れが残っていたりすることがあります。また、下着が汚れたままになっていてアンモニア臭がすることもあります。

■ものが揃わない

学級費などの提出が遅れたり、その他の提出物がなかなか揃わなかったりする場合が多いようです。また、そのようなことで保護者に連絡をしても、返事をされるだけで実行しない、あるいは、電話自体に出ようとしないことも少なくありません。

心理的虐待がある場合

■情緒の不安定

口臭や発育不良といった体の変化以外に、自分を否定的に見る傾向が強く、情緒的に不安定な面がみられます。また、抜毛、作話、自傷行為などをする場合もあります（→［ストレスと行動］p.76～）。

■攻撃的な態度

非常に抑圧的な養育を受けていたり、親に常に否定されていたりする場合は、「反抗挑発症」の状態になって、落ち着かない行動や攻撃的な行動が見られるようになることもあります（→［怒り 3］p.20～）。

不適切な養育状態を発見したら

本人の話を聞く

子どもに、発育不良や口臭、先に挙げたような虐待が疑われる様子があった場合、まずは、子どもに家庭の様子を聞いてみるようにします。

表面に出ているそれぞれの状態に焦点を当てて話を聞くと話がしやすいでしょう。例えば、発育不良の状態があれば、家庭での食事の様子を聞いてみる。口臭があり、歯科検診の結果がよくなければ、家庭での歯みがきの様子や治療に行かない理由を聞くといったことです。小学校であれば、生活チェックカードなどに歯みがきや食事に関するチェック項目を設けて客観的に調べることも可能です。

ただ、小学校低学年だと、割と素直に包み隠さず話したりチェックカードを記入したりすると思いますが、小学校高学年～中学生くらいになると、親に気を使って本当のことを話さない（記入しない）場合も多いと思われます。その場合は、養護教諭と連携し、養護教諭が保健室来室時に使用する来室カードの問診等を基に話を聞いていくと抵抗が少ないでしょう。また、スクールカウンセラーにつないで、安心して状況を話せる場を設定してもいいと思います。

なお、スクールカウンセラーにつなぐ場合は、カウンセリングを受けることを特別なこととして抵抗を感じる子どももいますので、一旦、担任や、カウンセリングの窓口となっている養護教諭などが話を聞き、本人が話をしてもいいと思っているか、本人の意志をしっかり確認した上で、つながねばなりません。また、たまたまカウンセラーに出会うように仕向けるなどの仕掛けをして、スムースにカウンセリングに繋がるような工夫をします。

保護者と話す

発育不良や口臭（むし歯の多発、歯肉炎を含む）など、体の異常が出ている場合には、保護者にそのことを伝えることで、話のきっかけがつかめますので、比較的、家庭での様子などを聴き取ることができやすいと思います。

ただ、ネグレクトの状態がある場合は、保護者との連絡自体が取りにくく、電話に出てもらえなかったり、直接会うことができなかったりすることが多いと考えられます。そこで、例えば、欠席をした時や学級費などが滞る時などに、積極的に家庭訪問をするようにします。家庭訪問をすると、家が片付いていない等、生の生活状況がつかめるため、ネグレクト状態を確認することができるからです。

なお、生活困窮や養育力に課題がある場合は、スクールソーシャルワーカー（SSW）に入ってもらうと、経済的な支援や福祉的な支援などについての情報提供をしてもらえます。また、SSW による日々の具体的な生活指導もできるので、ネグレクト状態が改善されることに期待が持てます。

一番難しいのは、心理的な虐待だと思います。保護者はよかれと思って、自分の価値を押しつけ、子どもに無理を強いたり否定的な言葉を投げかけたりしているのに、それが子どもを心理的に追いつめているという自覚がないことが少なくないからです。また、夫婦仲が悪い場合は、子どものことより、自分たちの関係に意識が集中して、子どものことは二の次になっていることもあります。

このように、保護者に自覚がない場合、まずは、保護者側の困り感に耳を傾け（実際には、子どもの方が困っているのですが、保護者は、子どもがちゃんとできないのだと考えているので、その不満を聞きます）、信頼を得たところで、徐々に自分たちの養育態度と子どもの行動の関係について気づいてもらうよう話題をふっていきます。なお、面談の折には、教育相談担当や学年主任などに入ってもらうと、より保護者からの信頼が得られます。

虐待の発見と通報

児童虐待を受けたと思われる子どもを発見した場合の通告義務が全ての国民にあることが、法律で定められています。また、学校などの児童虐待を発見しやすい立場にある人や学校を含む団体には、より積極的な児童虐待の早期発見及び通告が義務づけられています[＊3]。

身体的虐待や性的虐待があると思われる場合は、早急に管理職に報告をして、管理職から、その行為が虐待に当たるということ、学校に通告義務があるということを保護者に知らせ、児童相談所等に連絡を入れるなどの措置をとります。この時、体の傷については、必ず写真を取っておきます。

また、ネグレクトや心理的虐待の場合は、先に挙げたような方法で保護者と接触をして、不適切な養育状態があることを自覚させると共に、場合によっては、児童相談所の担当や先に挙げたような形でSSWなどの専門家に介入してもらい、改善を図るようにします。

＊1　成長ホルモンや甲状腺ホルモンの分泌異常、染色体の異常などにより、平均より著しく身長が低い状態。

＊2　ある時点での子どもたちの身長や体重を各年齢・月齢毎に集計し、その平均をグラフ化したもの。平均値を中心に、標準的な成長の範囲として標準偏差（SD）が描かれている。

＊3　詳しくは、「児童虐待の防止等に関する法律」を参照。平成16年の改正で、通告義務が、「児童虐待を受けた児童」から「児童虐待を受けたと思われる児童」を発見した場合に改められている。

愛着の課題2

反抗

隣のクラスの６年生の男子数人が、女性担任に反抗します。他の教師の言うことは聞くのですが、担任にだけ反抗するのです。担任は、子どもたちを甘やかしているわけではなく、どちらかと言うと厳しく接しているのですが、益々反抗がひどくなってきています。このような場合、どうしたらいいのでしょうか。

「反抗期」という言葉があるように、思春期時期に子どもが、親など、身近にいる大人に反抗的な態度を取ることは珍しいことではありません。

ただ、この事例の場合、特に担任一人にその反抗が向けられているということで、原因は、思春期時期だからというだけではないかもしれません。普段の担任の言動についても、検討しなければならない点がないか、改めて考えていく必要があります。

思春期時期の反抗
思春期の特徴を理解し、対応する

思春期について理解する

一般に、二次性徴の始まる小学校高学年から高校生頃を思春期と呼んでいます。思春期時期に子どもたちが精神的に不安定になることは、広く知られていることですが、それは、以下のような理由からだと考えられます。

身体の変化に対する抵抗感

小学校高学年頃になると、性ホルモンが分泌されるようになり、二次性徴が始まります。そのため、性器回りや腋（わき）などの発毛や、女子では乳房の発達、男子では声変わりなど、大人の体への変化が起こるようになります。これらの体の変化が始まるのは女子の方が早く、早い子どもだと、小学校４年生頃から始まりますが、男子は１～２年遅れて６年生頃から発毛や声変わりが起こる子どもが出てきます。

この時期の身体の変化は、それまでのように単に身長や体重が増える「成長」とは違い、子どもたちがこれまでに経験したことのない体の変化「性徴」であり、ほとんどの子どもは、その変化に戸惑いや抵抗を感じます。また、これらの体の変化について、適切な指導がされていないと、早く体の変化が起きた子どもに対する冷やかしなども起こることがあり、そのことでさらに精神的に不安定になる子どもも出てきます。

両価性

思春期の大きな特徴として「両価性」が挙げられます。「両価性」とは、一つの物事や対象に対して、別の感情や態度を持つことを言います。思春期時期の両価性は、自立したいという気持ちと、まだ大人に依存したいという気持ちが同居し、揺れ動いている状態を指します。さっきまで、親の言うことをうるさがって、無視していたかと思うと、急に甘えてくるなど、一見矛盾した行動を見せることがあるのは、両価性が高まっているからです。思春期の子どもたちは、このため、不安定になりイライラしたり、大人の言葉に敏感になって反抗したりするようになるのです。

また、この時期の子どもは、他人と自分の違いを意識し、他人から自分がどう見られているかをとても気にするようになります。そのため、自分を必要以上に低く見てしまったり、逆に強く見せようとしていきがったりする等、大人から見ると不安定な感じがするのもこの頃ですし、友だち関係で悩むことも多くなります。

また、それまで、安心を得られないような育ち方をした子どもは（不適切な養育、親との離別など）、大人への不信感が強く、心の安定を保ちながら育ってきた子どもに比べて、思春期の心の揺れが大きくなります。そして、それが、大人への反抗という形で出ることもあると考えられます。

特定の教師への反抗

大人の眼差しに対する敏感な反応

子どもたちは、小学校中学年頃までは、「大人（特に身近な親や教師）の言うことは正しい」と考えており、大人の指示が行動の基準です。しかし、思春期頃になると、大人への依存的な気持ちから少しずつ抜けだし、大人を客観的に眺めるようになります。親や教師が子どものためを思って言っているのか、それとも親や教師自身の感情や都合で、あるいは価値を押しつけるために言っているのかの違いを敏感に感じ取るようになります。そして、納得できないと不満を表すようになるのです。

教師に反抗する子どもが、よく「自分だけ怒られる（言われる）」と訴えることがあります。元々、その子どものものの捉え方に歪みがあり、全てをマイナスに捉える場合もありますが、特定の教師に対して子どもが反抗を繰り返す場合、その教師から同じことをしても自分だけが怒られるとか目の敵のように扱われるとかと感じている場合が多いのに気づきます。

教師側から言わせれば「怒られるようなことをするからだ」ということになるのですが､私の経験では､その子どもを怒る前提として､教師側に「この子は悪い子だ。だから、厳しく指導すべき」という否定的な気持ちがあると感じる例も少なくありません。そして、子どもはその眼差しに敏感に反応して、反抗をしているように思えるのです。

性の目覚めと大人評価

思春期頃になると、自分の「性」を強く意識するようになります。このことが､異性への関心や､恋愛への憧れに繋がって行きます。また一方で､それが親や教師に対する視線の変化にも繋がると思われます。大人を同性として､あるいは異性として評価するようになるのです。そのこと自体は､自分がどのような女性（男性）になりたいのかという模索の過程で生まれる、ある意味健全な「親離れ」の姿でもあります。ただ、時に、そのことが教師批判に繋がることもあると考えられます。

中でも、若い教師に対しては、大人と言うより先輩の同性・異性という感覚で相手を見て、同性のライバルとして意識する、あるいは理想の異性像と比較するということが起こりがちです。そして、それが反抗という形に繋がる場合もあると考えます。

また、この時期には、友だちが一番の価値基準になるため、自分自身は、教師を批判的に見ていなくても､「友だちが言うからそうなんだ」と迎合してしまうこともあります。そして、数人で一緒になって教師に反抗的な態度を取ってしまうのだと思います。

子どもからの信頼

声かけを見直す

先に触れたように、この時期の子どもたちは他からの評価をとても気にするようになりますし、大人の言動に対して、その裏にある自分への評価を敏感に感じ取るようになります。「子どもは教師の言うことを聞くものだ」という感覚では対応しきれなくなるのです。

私は、これまで、ここで挙げられているような事例をいくつか見てきました。その内の一つの事例では、担任が反抗してくる子どもたちに対して「どうしてわからないの？」と、度々言っていました。この言葉には、「わからない（言うことを聞かない）君たちが悪い」という気持ちが表れてはいないでしょうか。その教師にとって、子どもたちが反抗するのは、自分ではなく、子どものせいなのです。互いに否定し合う中で、最後まで、この教師と子どもとの関係が修復することはありませんでした。

一方で、子どもとよい関係を保っている教師は、子どもが不適切な行動をした時に、子どもを責めるのではなく、子どもの背景や気持ちに目を向け、「どうしたらいいのか」を考え、対応していると感じます。そして、その結果として、子どもからの信頼を得ているように思うのです。

他教師との連携

関係改善のために、担任がじっくりと子どもたちと話してみる方法も考えられますが、一旦関係性が崩れてしまうと、それを修復するのは、とても難しいことです。そこで、全ての対応を担任が担うのではなく、同学年の教師等と連携して解決していくようにします。

ただ、ここで注意しなければならないことがあります。学級が荒れた時に、学校では、他教師が学級に入るという手段をよく取るのですが、その場合、子どもたちが「担任がダメだから、他の先生が入っている」と感じるような入り方は避けるべきだということです。

例えば、見張りのような感じ（注意を繰り返すなど）で他の教師が入ったり、入った教師が主導的な立場になったりすると、子どもたちは担任に対して益々低い評価をしてしまうのです。できるだけ、学年合同で授業をするとか、一部を教科担任制にして、教室の空気が入れ替わるようにするなどの方法がお薦めです。

愛着の課題3

適度な距離が取れない

やたらと甘えるかと思うと、こちらから近づくと「気持ち悪い！」と嫌がる子どもがいます。友だち関係も上手ではなく、強く言いすぎたり､気にいらないと攻撃的になったりするので、一緒に過ごしている友だちもよく変わります。家庭の事情で、幼少期に親から離れ祖父母と暮らしている子どもです。そのような背景も関係しているのでしょうか。

安心できる環境の中で育った子どもは、気持ちが安定しており、周囲とのよい人間関係を築くことができます。一方で、幼少期に不安な状況の中で育った子どもは、気持ちが不安定で、周囲の人とのほどよい距離を取るのが難しく、人間関係をうまく築けない場合があります。親との離別の体験がこの子どもの心に影響を与えたかもしれません。周りの大人が子どもに安心感を与えるような姿勢で接することが大切です。

愛着の課題を抱える子ども
信用できる大人として存在する

人との距離感

人間同士がコミュニケーションをとる時には、「適度な距離」というものがあります。それは、物理的な距離でもあり、また、互いの関係性の中でどこまで踏み込めるかといった心理的な距離でもあります。話す時の物理的な距離が近過ぎる、あるいは、話が何となくズレるといったことは、コミュニケーションの不得意や社会性に課題を抱えている自閉スペクトラム症の子どもにはよくみられることです。その場合、ＳＳＴ（ソーシャルスキルトレーニング）などで、少しずつその力を育てていきます。

しかし、そのような特性があるわけではなく、この事例のように、人との心理的な距離がなかなかうまく取れない子どもの場合は、育ちの中で安心を得られなかったことが原因になっている可能性もあります。もしそうだとすれば、「心の育ち」に焦点を当てた対応を考えていく必要があるでしょう。

子どもの育ちと愛着形成

子どもが健全に成長していくためには、乳幼児期のスキンシップ、オムツ交換などで不快な状態を快に変えてもらうといった自分の欲求に何らかの応答をしてもらうなど、誰かに守ってもらっている安心感を得ることが必要です。特に、自分の欲求に応答してくれる「特定の人間（本来は母親）」が存在することが大切とされており、このような「特定の存在との結びつき」のことを愛着（アタッチメント）と言います（→参考文献６）。

幼少期に安定した愛着が形成されると、良好な人間関係を築くことができ、困難に遭遇したときにも自分の力で乗り越えていけるようになります。しかし、幼少期に十分なスキンシップを経験できなかった、あるいは、守ってくれる存在や状況がなく安心感を得る環境がなかった場合には、安定した愛着形成ができず、「人との距離感がうまく取れない」「精神的に不安定」「ストレスに弱い」などの生きにくさが出てきます。また、そのことで、人間関係のトラブルも多くなっていきます。

背景にあるものを知る

この事例の子どもの場合、幼少期に親と離れて暮らすようになったということで、「特定の存在との結びつき」が断たれたことが、愛着形成に悪い影響を与えたのかもしれません。祖父母が親代わりに愛情をかけ、先に挙げたような愛着形成のために必要とされる関わりをしてきた場合は、その影響はそれほど大きくないと思われます。しかし、何らかの理由で祖父母からも十分な愛情が受けられなかった場合、あるいは逆に「親の代わりにこの子をしっかりと育てねば」という祖父母の思いが強すぎて、その気持ちが抑圧的な養育に向かってしまった場合などは、そのことが愛着形成に悪い影響を与えたということは十分考えられます。

いずれにしても、この子どもの不安定さの原因の一つとして、親との離別だけでなく、祖父母の養育態度についても視野に入れて考える必要はあるでしょう。定期的に行われる家庭訪問や教育相談などの機会に、家庭の様子や祖父母と子どもの関係をしっかりと見ていくようにします。また、友だちとの関係に不具合が起きたときなどに、そのことに関する相談という形で、話をする機会を設けてもよいと思います。

距離をどう保つか

では、この事例のような子どもに、教師としてどう接していけばいいのでしょうか。不安定な愛着形成が、この子どもの人間関係の不得意感に繋がっているという前提で考えてみます。

信じられる大人になる

先にも触れたように、安定した愛着は、幼少期の特定の養育者による十分なスキンシップと、子どもの欲求をしっかりと感じ取り応答することにより形成されると言われています。そして、幼少期にそのような関わりが十分でなかった場合は、子どもは不安定な愛着パターンを持つようになり(→［愛着の課題　解説］p.155～)、修復は難しいと言われています。一方で、時間はかかるが、不安定な愛着の修復は可能だとも専門家は述べているのです。

では、それは、どんなことで可能になるのでしょうか。私は、信じられる大人の存在が愛着修復に大きな役割を果たすと考えています。

不安定な愛着パターンを持つ子どもの思考の特徴の一つとして、「どうせ、わかってくれない」「裏切られるのではないか」という"見捨てられ不安"が強く、人を信用できないという点が挙げられます。ですから、子どもにとって、家族の次に近い大人である教師が、「あなたを大事に思っている」「困った時には力になる」といった、子どもが「この人を信じていい」と思えるような姿勢を常に心がけることが大切です。

反対によくないのは、頭ごなしに子どもの不適切な言動を叱りつけること、そして、その時その時で対応が変わることだと思います。一貫した温かい眼差しが、このような子どもには、何よりも必要なのです。

適度な距離を知らせる

不安定な愛着パターンを持った子どもは、他人に対してなかなか心を開かなかったり、逆に馴れ馴れしかったりと、人との適度な距離を築くことができません。また、一旦心を開くと、一気に距離を縮め相手に多くを求めてしまうといったこともあるようです。例えば、他の子どもはダメなことでも自分だけは許してもらいたいなど、特別扱いを望んだり、教師のプライベートな範囲にまで入り込もうとしたりといったことです。子どもを温かく見守ることが、まずは大事ですが、必要以上に受け入れてしまうと、収集がつかなくなります。また、友だちなどにもそのような態度を求め、人間関係がうまくいかずに孤立することにも繋がっていきます。

そのようなことが起こらないためには、ほどよい人間関係を保つための線引きを、教師側がきちんと持っておくことが大切です。例えば、先に挙げた「自分だけは許して欲しい」といった欲求については、ダメなことはダメだと丁寧に説明すること。教師自身にもプライベートな範囲があること。加えて、この部分まではＯＫということも、しっかりと具体的に伝えます。なお、制限をするからと言って、決して拒否しているわけではないということを理解させることが大切です。そして、それを理解することができたら、理解できたことを認めることで、ほどよい人間関係の距離感を学んでいってくれるものと考えます。

専門家との連携

愛着の課題を抱えた子どもが､それを解決できないままに大人になると、さまざまな人間関係のトラブル、そして、うつや不安障害、自傷、依存症、人格障害などにつながっていくと言われています。愛着の問題は、できるだけ早い時期に解決することが大切なのです。ただ、その対応は非常に難しく、家族関係も絡んでいることから、教師が一人で抱えられる類のものではないと言っていいでしょう。もちろん、先に挙げたように「信頼できる大人」でいることは大切です。しかし、愛着の課題を抱えている子どもの問題を全て学校が抱えるのには無理があると言えます。

先に挙げた対応をしつつ、自傷などの行動となって、愛着の課題が顕在化してきたら、まずは校内のスクールカウンセラー。そして、そこから専門的な対応のできる病院などにつないでいくようにします。

なお、幼少期に虐待の事実などがあった場合は、児童相談所等が関わっているはずですから、以前の記録や申し送りなどを見落とさないようにして、きちんと情報を持っておくことが大切です。そして、関係諸機関と連携を取りながら、引き継いだこれまでの対応を今後も継続し、よりよい支援が続くようにしなければなりません。

愛着の課題 解説 愛着の課題を抱えた子どもたち

以前、自分の信じた道を究め社会に貢献しておられる方のお話を伺った時、その方が、自分のことを「自分は育ちがいい」と言われたことを覚えています。「育ちがいい」と言うと、一般的には家柄がよく苦労せず育ったというイメージがあるかと思いますが、その方は、「親からしっかりと愛情をかけられ育った」という意味で、その言葉を使われたのです。

私は、それを聞いて「なるほどな」と思いました。確かに学校で子どもたちと接していると、安心して見ていられる子ども、その方の言うところの「育ちのいい子ども」がいて、彼らもまた保護者からの愛情をしっかりと注がれて育ったのだろうなと感じることが多いからです。

一方で、精神的に不安定だったり、人間関係をうまく築けなかったりする子どもの中には、育ちの中で安心感を得ることなく育ってきたのではないかと感じる子どもが一定数いました。その子どもたちの多くは、「愛着の課題」を抱えていたように思います。

◉愛着（アタッチメント）とは

愛着とは、「乳幼児期に特定の養育者との間に形成される情緒的な結びつき」のことを言います。子どもは、まだ自分の力では何もできない乳児期に、自分の求めに応えてくれる特定の存在（本来は母親）を認識し、基本的な安心感や信頼感といった「心の安全基地」を獲得します。その後、幼児期頃には、特定の存在との物理的距離が多少あっても、その存在が確認できれば、安心して過ごせるようになります。そして、徐々にその存在が内在化（目の前にいなくても、心の中でイメージできる）されて安心感が不動のものとなり自分自身の足で前に進めるようになるのです。 なお、生後半年から１歳半頃までが､愛着形成にとって最も重要な時期（臨界期）で、この時期に自分の求めに応えてくれる特定の人間が存在しない、あるいはマイナスに働いた場合、安定した愛着形成が難しいとされています。

◉愛着の課題を抱える子どもたち

不幸にして、愛着形成の臨界期に適切な養育を受けることができなかった子どもは、不安定な愛着パターンを持つようになります。私は、これまで勤務した学校で、児童養護施設等に入所し親と離れて暮らしている子どもたちに出会いましたが、彼らの多くが愛着の課題を抱えていたとふり返っています。彼らは、微妙な距離感が取れなかったり、感情の起伏が激しかったり、逆に感情の動きがあまりなかったりといった、不安定な愛着パターンを持つ子ども特有の課題を抱えていました。

ただ、不安定な愛着を持つのは、児童養護施設等で育っているような子どもだけではありません。親と暮らしていても虐待があったり、親が精神的に著しく不安定だったりといった場合にも愛着は不安定なものとなるのです。また、一見普通の家庭で育っているように見えても、実は親の関心や世話が不足して放任されている子ども、逆に神経質で厳しく、過干渉な養育の下に育った子どもも、安定した愛着を形成することができず、多動や人間関係のトラブルなどを起こすようになります。その様子から発達の課題があると診断される子どもの中に、実は愛着の課題を抱えている子どもが一定数いることは、近年、広く知られてきました。

また、彼らは、安定した愛着形成ができている子どもに比べ思春期の揺れも大きく、事例で取り上げたように、さまざまな不適応行動をしたり、大人への反抗が強く出てきたりするようになります。そして、愛着の課題が解決されないままに年齢を重ね、大人になっても生きにくさを抱えることになるのです。

愛着障害に対する個々の対応については、専門家に任せることが一番です。しかし、先にも触れたように、教師には信じられる大人として存在すること､子どものつらさに気づく感度を持つことが求められます。そして、気づきをそのままにせず、何らかの対応につなぐことが教師の大きな役目だと言えます。

不登校1

行けない理由、行かない理由

担任をしている中学１年生のクラスに二人の登校渋りの子どもがいます。一人は、おとなしい女子生徒で、親には「行きたくない」と言うだけで何かトラブルがあったのかと聞いても否定するそうです。もう一人は、どちらかと言うと元気な男子生徒で、友だちから嫌なことをされると言っています。この二人にどのように対応したらいいでしょうか。

同じ不登校でも、その理由や原因はさまざまです。また、子どもが答える不登校の理由は後付けで、不登校になった要因が別にあると感じる事例も少なくありません。子どもが学校に行かなくなると、親も教師も、登校させることに気持ちが向きがちですが、背景にあるそれぞれの要因にアプローチすることが大切で、それが改善された時、登校という結果がついてくると考えるといいと思います。

様々な要因があることを理解する
要因にアプローチする

「学校に行けない」と言うと、人間関係のトラブルや真面目で息切れしてしまっている子どもが頭に浮かぶかもしれません。ここでは、少し視点を変えて、それらとは違ういくつかの要因について考えてみたいと思います。

生きにくさを抱える子ども

私の経験を通しての見解ですが、不登校状態になっている子どもには、何らかの生きにくさを抱えている子どもが少なくないのではないかと思います。先に触れたような子どもたち(→[コミュニケーションの課題] p.41 ～, [問題行動] p.61 ～)の中に、不登校という形でその生きにくさを表す子どもがいると感じるのです。もしそうだとすれば、その困り感に対し、普段から十分な配慮をすることで、彼らが学校への不適応を起こすことを予防できるのではないかと考えます。[Ⅰ]でも、そのような子どもたちへの配慮について触れていますが、不登校との関係を含め、改めて考えてみます。

大人数が不得意な子ども

これまで出会った登校渋りの子どもたちの中には、「大人数の集団がダメだ」と言う子どもが何人もいました。また、教室という空間自体を苦痛に感じる子どももいたように思います。その中には、感覚過敏を抱えている子どももいたかもしれません。例えば、聴覚過敏がある子どもは、そうでない子どもが気にならない教室のザワつきが、とても苦痛になっている可能性があります。また、教室の匂いが苦手な子どももいるかもしれません。ただ、子どもが、その過敏さに気づいていない、あるいは、気づいていても「自分が変なのだ」「我慢しないといけない」と思い、それを伝えることができないまま過ごしている場合もあると思われます。

ですから、子どもが教室に行けないという時、友だちとのトラブルや心の問題についてだけでなく、ここで挙げた感覚過敏などの困り感がないかについても聞くことを心がける必要があるでしょう。

コミュニケーションの不得意を抱える子ども

コミュニケーションの苦手意識が、集団で過ごすことのつらさにつながっている場合もあると考えられます。自分の気持ちを言葉にするのが難しい、あるいは、逆に場にそぐわない発言をしてしまうなど、友だちとのコミュニケーションを取ることの不得意さを抱えているため、劣等感を感じたり、孤立してしまったりして、教室にいることが苦痛になっている場合です。事例の「おとなしい女子生徒」も、もしかしたら自分の気持ちを言葉にすることが難しく困っているのかもしれません。

このようなコミュニケーションの不得意さは、普段から、子どもの様子を注意深く観察する中で気づくことができると思います。気になる子どもには、できるだけ個別に声かけをして、その困り感を引き出すよう心がけ、日々の生活の中で、対人関係に関するアドバイスをしていきます。また、集団作りのプログラムを取り入れるなどして、皆が過ごしやすい学級作りをしていく事も大切です。

育ち、親子の課題

過度な保護の下に育った子ども

子どもが、学校に行かない理由として「友だちが嫌なことをするから」など、友だちとのトラブルについて訴えることがあります。このような訴えがあった時には、まず、いじめも視野に入れて慎重に状況を確認していく必要があることは言うまでもありません。

ただ、調べてみると、実際には「お互い様」であったり、どちらかと言うと本人自身がちょっかいを出していて、逆に相手が困っていたりするということもあります。このような子どもは、過度な親の保護の下に育ったために対人関係スキル（我慢したり、相手の立場に立って考えたりといった力）がついておらず、自分の方が友だちへの接し方に課題がありながら相手が悪いと訴えることもあると感じてきました。しかし、保護者は、当然、子どもが訴えると「学校でいじめられているのではないか」と心配して連絡して来られます。

そのような時には、まずは子ども本人の訴えを十分聴いた上で、相手の子ども、そして周りの子どもたちに慎重に事実確認をし、保護者に客観的な事実を丁寧に報告して納得してもらう必要があります。私の経験では、子どもが次から次に“友だちからの被害”を親に訴えるのですが、そのような事実が認められず、最終的には「お母さんが朝から起こしてくれないから悪い」と言い出したという例もありました。過度な保護の下、困難を自分で乗り越える経験をせずに育ったため、困ったことがあると、誰かのせいにしてしまうようになったのだと思います。

このような子どもが低年齢の場合は、徐々に保護者からの過剰な保護から離すようにして、なおかつ、学校生活の中で人間関係のスキルを育てる体験を促していくことができます。ただ、年齢が上がると、周りの子どもとの精神的な成熟度に差が出てくるため、友だちとふれ合う中でそのスキルを上げることも、また、親子関係を変えることも難しくなると感じます。登校しぶりが始まった時点で、本人のカウンセリングを設定し、その結果の報告という名目で保護者にカウンセラーとの面談を受けてもらい、子育てに関する見直しができるように持っていくといいでしょう。

家庭の課題を抱えている子ども

両親の夫婦仲や家族間の人間関係が悪く家庭内が不安定であることで、登校渋りが起こる場合もあります。家庭は、本来、安心して過ごす場所であるはずですが、そこで安心を得ることができないため、不登校という形でそのつらさを表したり、あるいは、自分が家にいることで家族の不仲を調整していたりすることもあると思われます。

また、中には、経済的に苦しい、親が病気で家事ができないなどにより、家事を任されたり、家庭を守る役目を子どもが担っていたりすることで疲労し、不登校になる場合もあります。しかし、そのような子どもは、家庭状況をなかなか自分から話しません。ですから、教師は、定期的な教育相談や生活調査等を通して家庭の状況を把握するためのアンテナを高く持っておく必要があります。そして、気になる状況があれば、子どもに話を聞き、必要に応じてスクールカウンセラーやSSW等の専門家につなぎ、家庭が抱える課題に対応していきます。

主張としての不登校

現代の学校教育に違和感を感じて、あるいは、子どもが学校のシステムに馴染まないため、登校しないことを選択する例もあります。そのような場合は、その子どもが在籍しているクラスの担任は、子どもや保護者との繋がりは切らないようにし、今後の方向性については管理職が中心となって保護者との話し合いをしていくようにします。

最近では、学習支援センターやフリースクールなどの学校外の機関に通う子どもも増えていて、それらの機関が一定の要件を満たせば、それを出席扱いにすることができるようになっています。また、その対象機関も、少しずつ柔軟性を持って広く認められるようになってきているようです。学校に来ない子どもを、無理に多くの子どもたちと同じ学びの形（通常の学校に登校する）に当てはめようと拘るのではなく、さまざまな形があっていいという意識を持ち、柔軟な対応を考えていく必要があるでしょう。

不登校2

不適応状態の子どもに表れる変化

中学生２年生の不登校気味の子どもが母親にべったり甘えてくるそうです。保護者から、どうしたらいいだろうかと相談がありました。家庭でのことなので、学校ができることは少ないと思うのですが、どのようにアドバイスしたらいいでしょうか。

学校への不適応を起こしている子どもが、幼児返りして親にベタベタする。逆に、親にひどく反抗するということは、よくあることです。

このような行動が起こる要因の一つに、［Ⅱ］の４で触れた愛着形成のつまずきがあることも考えられます。しかし、親子関係に、教師が介入するのは難しいことです。学校は、カウンセラー等の専門家を紹介して親子関係を見直す機会を提供したり、専門家のアドバイスの下、側面的な支援をしたりしていきます。

育ち・親子関係を見直す
親子関係の作り直しを支援する

育ちの中で獲得できなかったものを取り戻す

幼児返り

思春期頃の子どもが幼児返りする原因として、幼少期に何らかの理由で十分甘えることができなかったということが考えられます。また、3～5歳頃に、うまく母子分離ができないままに過ごし、小学校に入ってから親（特に母親）から離れられないということも起こるようです。

では、どうすればいいのでしょうか。このような子どもは、愛着の形成過程でつまずきがあったのかもしれません。そこで、その過程をおさらいするように、「順を追って進める」と考えればわかりやすいでしょう。つまり、甘えてくる子どもは、愛着形成の段階に戻り、その時期に満足できなかったことの取り戻しをしていると考え、「もう○才なのに、甘えたらおかしいでしょ！」と否定するのではなく、十分甘えさせることが大切だということです。そして、子どもが安心感を持てるようになったところで、様子を見ながら、母子分離のやり直しとして、少しずつ手を離していくようにします。

学校への登校に関しては、学校側の協力も必要になってきます。まずは、母親と共に家の外まで出る→少し距離を伸ばす→正門まで行く→昇降口まで行く…というように、少しずつハードルを上げ、できたことを認めるようにします。学校側は、家庭訪問で顔を合わせる→子どもの登校行動が始まったら、来ることができた場所に会いに行く→正門や昇降口まで迎えに出る→保健室等で様子を見る…など、その子どもの歩みに合わせて協力をしていきます。また、保護者とは常に連絡を取り合い、保護者の不安をできる限り聞き、励ますことも大切です。

反抗

子どもの健全な成長のためには、育ちの中に母性的役割、父性的役割の両方が存在することが必要であり、そのバランスが取れていることが大事だと言われています。この母性と父性のバランスが悪く、否定的で抑圧的な養育を受けてきた子どもが、思春期頃に不登校になって親に激しく反抗する場合があるという報告もあります。そのようなケースは、先に挙げたベタベタと甘えるような子どもよりも、さらに対応が難しいと思われます。

ですから、この場合も、保護者をできるだけ早く専門家につなぎ、親としての対応について考えてもらうようにします。また、何より硬直した子どもの気持ちをしっかりと聴き、ほぐしていくことが大切です。学校の中に、担任、部活担当、養護教諭など、子どもが信頼している教師がいれば、その教師が話を聴く時間を設けるようにします。また、スクールカウンセラーのカウンセリングを受け入れるようであれば、カウンセリングの時間を確保し、子どもの気持ちを継続的にしっかりと聴いていくようにします。

なお、反抗が暴力に発展するようであれば、生徒指導担当や管理職を窓口として、児童相談所や警察の少年相談窓口等と連携し慎重に対応していきます。私の経験でも、親への暴力が続く子どもを、児童相談所と連携して児童養護施設に一時的に保護し、子どもと保護者との距離を置くことで家族関係の立て直しを図ったという例があります。

子育て、家庭のふり返りの機会

安心感・信頼感を代わりに担う

学校に登校しても教室外で過ごす子どもの中には、積極的に養護教諭やスクールカウンセラーとの関わりを求めてくる子どもが一定数います。親との関係があまりよくなく（甘えられない、親を信頼できない等）、本来、親に求めるはずである安心感や信頼感といった安定した関係性を、親の代替えとして、養護教諭やスクールカウンセラーに求めているのかもしれません。

中には、保健室に行く子どもに「保健室にばかり行ったらダメ」と指導したり、カウンセリング設定の際、「大したことはないと思うんですよ」「甘えですよ」などという発言をしたりする教師もいます。しかし、保護者がその役割を担えない場合、子どもが安定を得るために、他の大人が一時期でも子どもを受け入れて行かねばならない時があります。一定のルールを決めて保健室を利用する。関係職員の共通理解の下にカウンセリングを設定する等、職員間で、不適応状態の子どもの動向についてしっかりと共通理解し対応しなければなりません。

保護者を支える

子どもが学校に行けなくなると、焦り、自分を責めたり、逆に投げやりになったり等、保護者自身が不安定になることが多々あります。ですから、保護者の話をできるだけ聞き、支えることも大切になります。

ただ、学校への不適応を起こす子どもの親の中には、自分自身が生きにくさを抱えたまま成人し親になったのだなと感じられる人もいます。このような保護者は、学校に過度に依存したり、そうかと思うと攻撃に転じたりすることがあります。そのような場合、保護者自身がまず自分の育ちの課題を解決することが大事なので、子どもに関する相談という形でカウンセリングを受けてもらい、自分の課題に向き合ってもらうようにします。そのことが、ひいては子どもの回復につながっていくからです。

また、学校は、このような保護者に対し、適度な距離を取ることも大事です。しっかりと繋がりつつ、相談に使える時間の制限などをきちんと説明して、できることとできないことの線引きを示すようにします（→［Ⅲ 保護者への対応］p.180 ～）。

不登校3
起きられない

これまで、何人かの不登校の子どもに出会ってきましたが、その中には、朝から起きることができないという課題を抱えている子どもも多くいました。夜遅くまでゲームやSNSをしている子どもも少なくないようですが、中には、病気のために起きられないという子どもがいると聞いたことがあります。朝、起きられない子どもにどのように対応したらいいでしょうか。

不登校になっている子どもが、前日の夜には登校する準備をしたり、登校への意欲を語ったりするのに、翌朝になると起きられず結局は登校できないということはよくあることです。また、そのような子どもは、午後になると元気になるので、サボりや、やる気不足と捉えられることが多々あります。しかし、まずは本人も苦しんでいることを理解して、起きられない原因に沿った解決法や対処法を考えていくことが大切です。

起きられない理由
様々な原因を探り、支援する

育ちの中で獲得できなかったものを取り戻す

不登校の子どもの多くが、学校を休んでいることに罪悪感を持ち、「学校に行かねばならない」という気持ちと常に闘っています。自分を鼓舞しようと、あるいは親を安心させたいという気持ちで「明日は行けそう」と話したり、登校の準備をしたりするのですが、朝になり、登校という現実を目の前に突きつけられると、やはり、足がすくんでしまうといったことを繰り返してしまうようです。ただ、中には、そのような心理的な葛藤というより、起床すること自体に困難を抱えている子どももいます。

生活リズムの乱れ

不登校の子どもで、生活リズムが狂い昼夜逆転している子どもは少なくありません。一つは、深夜までゲームや SNS＊[1] をするのが習慣になって朝起きられず、不登校につながった「生活の乱れ→不登校」というパターン。もう一つは、不登校後にゲームや SNS にはまり、生活リズムが崩れてしまった「不登校→生活の乱れ」のパターンです。

後者では、家にいてもすることがなく、身体を動かす機会が少ないために夜になっても眠くならないので、手持ち無沙汰でゲームや SNS にはまってしまう。また、学校に行かないことで切れてしまった人との繋がりをオンラインゲームや SNS に求めてしまう場合も多くあると考えられます。

いずれにしても、登校を促す前段階として、生活リズムを昼型に変える必要があることは言うまでもありません。基本的に、人の生理的な働きは、昼間は太陽の光を浴びて夜は眠るという「概日リズム（体内時計）」に合わせて行われており、そのリズムが崩れると、さまざまな体調不良を起こして、心身の健康が損なわれてしまうからです。

まずは、不登校のきっかけを作らないような予防的な指導が必要です。生活リズムやネット利用に関する指導など、健康的な生活に主体的に取り組む力を育む教育を充実させることが、学校の大きな役割だと言えるでしょう。また、不登校状態から生活リズムの乱れが起きてしまった場合は、個別的な対応で根気強く生活リズム改善の支援をしていかねばなりません。

自律神経の不具合から起こる異常

思春期頃には、身体の急激な成長・発達のために自律神経の働きが乱れることがあります。朝から起きられないことを、「気の持ちよう」「気合いが足りない」などと精神論で片付けるのではなく、血圧等のバイタルサイン＊[2]をきちんとチェックし、自律神経の不調による身体的な異常がないかを確認する必要があります。

特に、思春期頃に動悸、めまい、頭痛、吐き気、倦怠感等を起こす起立性調節障害（Orthostatic Dysregulation：OD）＊[3]を発症する子どもがいることも頭に入れておく必要があります。ODがあると「行きたくても身体が言うことをきかない」といった状態になってしまいます。朝起きができず、上に挙げたような症状があるときには、専門医を受診するよう勧めていきます。そしてＯＤの診断が下されたら、主治医・保護者と連携しながら、その改善のために学校でも適切な配慮と対応をしていかねばなりません。

また、過度のストレスによる自律神経の乱れから、過敏性腸症候群を起こす子どももいます。腹痛や便通異常が起こるので、朝の排便に時間がかかって家を出るのが遅くなってしまい、登校しづらくなる。あるいは、授業中に腹痛や便意が起きるのではないかという不安を抱えて登校できなくなるといったことが考えられます。ストレスの原因となっていることを改善すると共に、登校前や学校で腹痛や便意が起きた時に適切に対応できる体制を整える必要があります。具体的な指導内容について、以下に紹介します。

その子どもの状態・ペースに合わせ対処する

生活リズムの崩れを改善する

身体的な異常がなく、生活リズムが崩れているだけの子どもについては、その立て直しを行います。「早く寝なさい」「ゲーム／ SNS の時間を少なくしなさい」と言うだけでは、生活改善はできません。具体的に取り組むための仕掛けと、共に取り組みを支える人間が必要です。

まず、子どもが自分の一日の生活を客観的に見るために 24 時間の生活を１～２週間記録できるカレンダーのようなものを準備し記録させます。そして、結果を俯瞰することで、自分の生活の不適切な部分に気づかせるようにします。また、どこを変えると就寝時刻が早くなるか話し合い、具体的な目標を決めて取り組みます。

目標は、午前１時の就寝を午後 10 時にするとか、４時間のゲーム時間を１時間にするといった極端な設定を避け、実行可能なことをスモールステップで進めていきます。ゲームや SNS を減らすには、代わりにできること、特に家族と一緒にできることを考え、実践すると効果的です。

なお、保護者の協力は必要ですが、取り組みを点検する人間は、関わっている学校の職員（担任、教育相談担当、スクールカウンセラーなど）が適当だと思われます。保護者は、うまく進まないと感情的になって、逆に子どものプレッシャーになることがあるからです。

体調に合わせた配慮をする

体調不良がある場合は、その体調に合わせた登校ができるようにします。例えば、以下のような工夫ができるでしょう。

■起立性調節障害に対して

- 午後からの登校や短時間の登校が可能な体制を作る。
- 登校後、体調がすぐれない時に休養できる場所を確保する。
- 体調不良時の早退がスムースにいくよう家庭連絡体制を整える。
- 水分摂取や塩分摂取が遠慮せずできるよう配慮する＊4。

■過敏性腸症候群に対して

- 授業中、腹痛や便意があった際に席を立ちやすいように後方の出口付近に席を確保する。
- 事前に、クラスの子どもたちや担任外の学年の教師、教科担任等に、体調不良で教室を出ることがあることを説明しておく。
- 腹痛や下痢などの薬を預かり、保健室等で服用できるようにしておく。

子どもも保護者も、このような特別な配慮はできないと思っていることが多いようです。特別な配慮ができることを早めに提示するようにしましょう。そのことは、子どもや保護者に安心感を与え、その安心感がストレスを軽減することにつながります。そして、結果的に自律神経の安定に対する効果も期待できるのです。

学校側の受け入れ

不登校気味の子どもが、遠足などの楽しい行事に参加することは、よくあります。それに対し否定的な発言を聞くこともありますが、「行きたい」「やりたい」と感じると、交感神経が優位になって症状が軽快するのです。通常と違う行事等の存在がプラスに働くことを理解する必要があるでしょう。

私の経験でも、午後に体調がよくなり、部活動にだけは参加する子どもがいました。普段学校に来られない子どもが楽しい時だけ登校をしていると、「ずるい」とか「わがままだ」と捉えがちですが、少なくとも、自律神経の不具合についての診断が出ている子どもについては、その「楽しさ」がプラスに働くのだということを理解しておく必要があります。また、周りの子どもたちにも、それをわかりやすく説明しなければなりません。

＊1　男子はオンラインゲーム、女子はSNSに時間を多く取る傾向がある。
＊2　体温、脈拍数、呼吸数、血圧等の生命活動に関する基本的な指標。
＊3　主に思春期に発症する自律神経失調症。下半身に血液がたまり、脳や全身に血液が行き渡らないためにさまざまな症状が表れる。不登校の3～4割は、この疾患を抱えていると言われている。
＊4　治療の一環として、医師から水分摂取や塩分摂取の指示が出される。

不登校4

登校しても、教室に行けない

勤務する中学校では、学校に登校はできるけれど、教室で過ごすのが難しい生徒のために部屋を準備し、そこで学習させています。このままずっと、その部屋で過ごすのもどうかと思うので、そろそろ教室に行くよう促そうかと思っています。どのような声かけをしたらいいでしょうか。

どの学校にも、学校に登校しても、教室ではなく"別室"で過ごす子どもがいると思います。そのような子どもに、教室に行くよう働きかけた途端に、学校から足が遠のくという経験を持つ方も少なくないのではないでしょうか。

まずは、その子どもにとって、本当に、今、教室で過ごすことが最優先事項なのかを考えてみてください。その子なりの歩みの速度や方法があるという前提で検討する必要があると思います。

教室外登校
それぞれの「なぜ」を知り、支援する

「なぜ」を考え、対応を検討する

私たちは「教室で皆と過ごすのが正しい形」という捉え方をしがちです。しかし、中には、大きな集団で過ごすことや教室の空間を苦痛に感じる子どももいますし、一時期でも集団を離れ心理的な休養を必要としている子どもも存在します。子どもが、なぜ教室に行かないのか。その理由を考えることで、すぐに教室に行った方がいいのか、それとも、もう少し様子を見た方がいいのか、あるいは、今後も教室に行かず過ごさせた方がいいのかを検討することができると思います。

（人間関係のトラブル）

子どもが教室に行けなくなる理由の一つとして、友だちとのトラブルが考えられます。友だちとの気持ちの行き違い、もめ事を解決できないために、その相手がいる教室に行けなくなるのです。また、もしかしたら本人自身の未熟さから人間関係がうまく作れないための“逃げ”もあるかもしれません（→ p.159 ～ 160）。前者で、子ども同士での解決が難しいようなら、教師の助けがいる場合もあるでしょう。また、後者の“逃げ”に対しては、背中を押すような、ある程度強い指導が必要になるかもしれません。

いずれにしても、このような人間関係のトラブルは、子どもたちが対人関係力を育む大切な機会だと言えます。教師同席の下、互いの言い分を伝え合う場を設定するなどして、トラブル解決のための手助けをすることで、結果的に教室復帰につながる可能性があります。ただ、単なるトラブルではなく、いじめの事実がないかについては、十分な事実確認が必要です。そして、教室復帰をしたとしても、その後、継続的にしっかりと観察していかねばなりません。

本人の特性

これまでも触れてきたように、集中できない、集団が苦手、感覚過敏があるなどの発達面の課題を抱えているために、教室で過ごすことが難しい子どももいます。ですから、教室に行けない理由として、発達の課題がある可能性も頭に入れる必要があります。もし、発達に関わる課題があると考えられるならば、子どもが抱えているつらさをしっかりと聞き取り、学級での過ごし方を配慮することで、教室に足が向くようになることも期待できます。どのような配慮ができるかについて、[Ⅰ]でも紹介していますので、参考にしてください。

精神的な不具合

親子関係、家庭の問題、いい子の息切れなどが原因で精神的な不具合を起こし、教室に行けなくなっている場合もあります。教室外であったとしても、子どもが学校に登校していれば、完全な不登校状態になっている子どもよりも、スクールカウンラーによるカウンセリングの設定はしやすいと思います。本人の意向を確認しながら、カウンセリングを勧めていくようにします。そして、教室復帰の働きかけは、カウンセラーと相談しながら、気持ちの安定に合わせて少しずつしていくといいでしょう。

また、見落とされがちですが、学習についていけないことが原因で、教室にいるのが苦痛になっている子どももいるかもしれません。私の経験では、学習の困難を抱えている子どもが、簡単な問題が解けなかったことを友だちから馬鹿にされ、それをきっかけに教室に行けなくなった例がありました。もし、教室に行けなくなっている子どもが学習への困難を抱えているとすれば、保護者とも相談の上、個別の学習指導について検討していきます。なお、実際、学習について行けず困っている子どもは少なくないと思います。そのような子どもたちへの指導体制についても、学校内で十分に検討していく必要があるでしょう。

別室で過ごす子どもの支援

なかなか教室に行けない子どもに対して「社会に出たら一人では生きて行けないのだから、集団で過ごす力を身につけるべきだ」という心配の声を聞きます。もっともな心配です。しかし、だからこそ教室に行けなくなっている今、それぞれが抱えている課題に目を向け、それを解決しておく必要がありますし、その子に合った歩み方を検討していかねばなりません。別室で過ごすことの意味は、そこにあるのではないでしょうか。

別室のルールを作り、関係を保つ

不登校が増加している現在、多くの中学校で、教室に行けない子どものために教室以外の別室を用意しています。また、そこで過ごす子どもも、各学年に数名ずついる状態ではないでしょうか。別室に数人の子どもが通う場合、どの子も落ち着いて過ごせるような空間にする配慮が要ります。

中には、使用ルールがなく、学習や部屋での過ごし方が子ども任せになって、子どもが騒いでしまう等の問題が起きている学校もあるようです。別室を開設するのであれば、別室の使用についてのルールをきちんと決め、職員が交代で支援に入るなど、しっかりした管理体制が必要です。空き時間にせねばならない仕事も多く、職員配置も難しいと思いますが、システム化できるよう学校全体の問題として検討しなければなりません。

また、別室登校生とクラスとの関係が切れないように、担任は最低でも一日１回は別室にいる子どもと接触するよう努めます。加えて、本人の意向を聞きながら、クラスの友だちと会う機会を設けるなど、クラスの一員であることを本人も周囲も意識できるようにします。

なお、小学校では、空き部屋や職員の確保が難しいため、教室に行けない子どもを「とりあえず保健室に預ける」といった対応をしている学校が多いようです。しかし、保健室では、体重測定などの行事や他の来室者もあり、一時的な預かりはできても、長期的に預かる場所としては、あまり適当でないと、私は考えています。教室に行けないことが長引く場合は、学校全体で対応できるよう、いつ、どこで誰が対応するのか、しっかりと検討するべきだと思います。

「不安」を理解し、共に考える

別室にいる子どもに共通しているのは、教室に行くこと（行かされること）への不安が強いことです。それに対して、教師が自分の経験を元に、「大丈夫」「行けば何とかなる」と励ましたり、ひどい場合は「わがままを言うな」「できるはず」とハッパをかけたりする場面も少なからず見てきました。残念ながら、それでうまくいくことは、非常に少ないと感じています。

本人の不安をしっかり聴き取り、どのようなことならできるのか。例えば、帰りの会にプリント類を取りに行くとか、友だちに誘いに来てもらい一定の時間だけ教室に行くなど、できそうなことを本人と一緒に考え、小さな前進を認めていくことが大切だと思います。ただ、決めてはみたものの、実際にはできないということも多いかもしれません。その場合は、もう一度トライする、ハードルを下げるなど、本人の状態に応じて継続的に働きかけるようにします。

中には、感覚過敏があったり、不安障害などを起こしていたりして、教室ではなく、小集団でその子なりの歩みを大事にすることの方が適当と考えられる子どももいます。私の経験では、中学時代ほぼ教室には行かず別室で過ごした子どもが、卒業後、進学先の高校では学級に入って過ごすことができるようになった例もありました。一方、卒業後、個別で学べる学校を選び、自分なりのスタイルで学ぶ道を選んだ子どももいました。教室に復帰する子どもも含め、別室で過ごしながら、子どもたちはそれぞれの方向を選んでいきます。その子なりのペースで、その子なりの方法を考えるための別室登校と考えるとよいのではないでしょうか。

不登校 解説 どの子も取り残さない教育を

近年、学校に行かない、いわゆる「不登校」の子どもたちは増え続け、文部科学省が発表した平成30年度の不登校児童生徒は、全国で164,528人と前年度から2万人ほど増加しました。自分のクラスに不登校の子どもが出ると、担任は責任を感じ、自信をなくす場合も多々あります。しかし、子どもが学校に行かない理由や原因はさまざまで、「担任の責任」ばかりとは言えません。「こうすればいい」という一つの答えもありません。ただ、全ての教師が間違いなく出会うものであることから、この項では、不登校についての基本的な捉え方と、いくつかの対応例について取り上げました。

◉登校が目的ではない

私は、長年の小学校勤務を経て、中学校勤務を経験しました。小学校に勤務していた頃は、登校できない子どもを何とか登校できるようにすることに意識を向けて動いていたような気がします。しかし、中学校勤務後は、「その子どもが、今後どのような道を歩いて行けばいいのか」に意識が向くようになりました。中学校では、卒業後の進路という、ある意味の「区切り」が目の前にあります。ですから、学校に来られない子ども、適応指導教室や別室で過ごす子どもにとって、卒業後何を選ぶか、そのためにどうしたらいいかを考えることの方が、教室への登校云々より優先事項であると考えるようになったのです。

◉多様な選択肢の先に

中学校に勤務してみると、思っていた以上に卒業後には多様な進路の選択肢が準備されていることを知りました。通信制高校、専門学校、フリースクールなど、多様な進路があることを認識し、私は、ある意味、明るい光を見たような気持ちになりました。しかし、あるフリースクールの教師から「その後が、また問題なのです」と、社会に適応できない子どもが少なからずいるという“その後の現実”を知らされます。自分が選んだ選択肢で自分なりの道を歩む子どもがいる一方で、課題を解決しないままに、“とりあえずの進路”を選んだ子どもには、厳しい現実が待っているのです。課題を抱えたまま進んでも道を切り拓くことが、そう簡単ではないことを改めて考えた事実でした。

◉早期に課題を解決する

2019年5月にNHKスペシャルで、広島県福山市の公立中学校内に作られた「校内フリースクール」の取り組みが紹介されました。そこでは、通常の教室で過ごせない子どもが、専従の教師支援の下、自分のペースで学びを進めています。

私の出会った学校不適応を起こす子どもの多くは、回りのペースに合わせることが難しく苦しんでいました。ですから、番組を見て、その子なりのペースで学ぶことが保障されるこのような空間が存在することの大切さを改めて考えさせられたのです。また、私は、できるだけ早い発達段階で、学校内にそのような空間が準備されると、他との関係を切ることなく、彼らが自分らしい道を自信を持って拓いていくことに繋がるのではないかと考えています。課題は、彼ら自身が作ったものではなく、学校の体制の中で作られる部分が大きいと感じるからです。

近年、多様性を大切にした個に応じた教育の重要性が語られるようになり、国の方針としても、一人一人を大切にする新しい教育の方向性が打ち出されています。また、日本各地で、公立私立を問わず、新しい形の学校作りも進められています。

不登校の増加という現実に出会う時、教育の本来の目的を見失わず、「どの子も取り残さない」「その子なりの幸せな未来」に向けての教育体制づくりが少しでも早く整えられることを願ってやみません。

全体解説

自己否定する子どもたち

長い養護教諭生活で、さまざまな心の不具合を起こしている子どもたちと出会ってきました。ここで挙げた事例は、ほぼ、私が経験したことを元に書いたものです。多くの子どもたちが、自分のつらさをさまざまな形で表現しSOSを出していたことに、今さらながら気づかされています。

改めてふり返ってみると、彼らが共通して抱えていた課題は、「否定」だったように思います。彼らは、親からの否定、教師からの否定、友だちからの否定、そして、何より自分で自分を認めることができないという自己否定のために、「前を向いて歩くパワーが低下した状態」だったように思うのです。なぜ、このような「否定」が生じるのでしょうか。

６〜７年前に聴いた千葉大学の磯邉聡先生の講話が心に残っています。その講話は、おおむね次のようなものでした。

植物は、種類によって芽を出す時期も開花までの期間も違う。だから、その植物にとって、一番美しい花や豊かな実をつけるよう、それぞれに合った肥料や水、光の与え方を工夫し育てる。子どもも植物と同じで、その成長や変化には一人一人の個性がある。

そして、先生は、「パーソナルタイム」（個々の成長の時間の流れ）と「スクールタイム」（学校の時間の流れ）という言葉を用い、教育現場では、「スクールタイム」で子どもを捉えがちだが、子どもの成長を支援するのには「パーソナルタイム」を意識した姿勢が大切だと話されたのです。

私は、この「スクールタイム」に当てはめて子どもの成長を捉えることが、多くの子どもや親を苦しめているのではないかと考えています。教師も保護者も「この学年だから」「もう何才なのに」と、年齢や学年をものさしにして、子どもを評価したり、歩みを急がせたりしてはいないでしょうか。この章で紹介した子どもの中には、そのような評価を知らず知らずに自分の中に取り込み、自分を否定的に見てしまい苦しんでいる子どもも多かったのではないかとふり返っています。

学校で、以下のような会話を聞いたことはありませんか。新しく転勤してきた教師が「あの子は、すごいですね（手に負えないという意味）」と話し、それに対し、前からいる職員が「いやぁ、１年生の時から比べると、かなり成長したんですよ」と答える。少なくとも、私は何度もそのような会話を聞いてきました。そうです。長いスパンで見ると、周りのスピードと少し違ってはいても、子どもは必ず成長していくこと、つまり、成長のパーソナルタイムがあることを、教師は経験上知っているはずなのです。

私たち教師は、子どもの成長を支援する専門家として、自分自身が、子どもそれぞれの成長（パーソナルタイム）にしっかりと目を向けているか、まずは、自分自身の姿勢を点検してみる必要があるでしょう。そして、何より「あなたはあなたのままでいい」という温かい視線を子どもに向けることのできる教師でありたいと思います。それが、彼らの「前を向く力」となるはずだと思うのです。

ただ、残念なことに、中には事例でも紹介したように、パーソナルタイムを否定すること以前の問題、例えばこの章で紹介した愛着障害のような厳しい課題を抱えている子どももいます。そのような事例への対応は大変難しく、気持ちの温かさや経験だけに頼った自己流の対応をしていても解決は困難です。子どもの背景にある課題に気づく感度を高くするために、子どもの発達や心理についても常に学ぶこと、また専門家につなぐ手立てを打てる力をつけておくことが大切だと思います。

Ⅲ 保護者への対応

日々の学校から各家庭への連絡事項に始まり、寄せられるお尋ねや要望等、学校で子どもを預かっている以上、避けて通れない保護者対応。この保護者対応を難しいと感じている教師は多いのではないでしょうか。

実際、2014 年にベネッセが行った教職員の負担感に関する調査では、「保護者・地域からの要望・苦情等への対応」に負担感を感じると答えた教職員は、小学校で 71.4%、中学校で 71.1%にも上りました。

本来は、子どもの健全な成長を中心に据え、保護者と教師、地域が協力し合って子どもの教育に当たるのが理想です。しかし、それぞれの思いがかみ合わず、時に、保護者との関係がぎくしゃくしてしまうということも起こります。また、中には、自己中心的で理不尽な要求、教師の指導内容への批判、さらには教師の人間性までも否定してくるような保護者も存在します。

理不尽な要求をされたり攻撃を受けたりすると、感情がマイナス反応を起こして気持ちが疲弊してしまいます。そして、このような心理的な落ち込みは、日々の執務や自分自身の生活にも影響しかねません。ですから、このような保護者との対応は、できるなら避けたいところです。しかし、現実として、それは難しいと言えます。

ここでは、対応が難しい保護者にどのように接したらいいか、現場での困り感が多いと思われるいくつかの例を挙げ、その対応について考えて行きます。また、その上で、教師と保護者が共に子どもの成長を支援する手立てについても考えることができたらと思います。

対応が難しい保護者❶

学校・教師への不信感を持つ保護者

教師の多くは、学生時代、学校に馴染み、ある程度認められながら学校生活を送ってきたのではないでしょうか。そして、そのような経験を通して、学校や教育にプラスイメージを持ち、教師の道を目指した人も多いと思います。

一方で、学校が楽しくなかった、教師不信に陥ったなどの経験から、学校や教師にマイナスイメージを持ってしまった人もいるでしょう。保護者の中にも、このような学校や教師に対する否定感情をベースに持つ人がいて、それが攻撃に繋がっている場合もあるかもしれません。

また、マスコミによる学校批判的な報道を受け取ることで、知らず知らずの内に、教師や学校に対してマイナスのイメージを持たされてしまった保護者も、中にはいるのではないかと思われます。

◎対応のヒント

人は、自分の経験を一般化して物事を捉える傾向があります*。学校や教師への不信感が強い保護者は、自身の経験を元に作ったマイナスイメージを一般化し、学校や教師を否定的に見ているのかもしれません。ですから、そのマイナスイメージが少しでもプラスに変わるように、学校の事実やよさを知ってもらうことが大切だと考えます。

■知らせる

知らないから「こうに違いない」と決めつけている場合も多いと思われます。そこで、基本的なことではありますが、学校は、その方針や考え方を、ホームページ等でマメに発信する。また、担任は、学級・学年便り等で、日々の子どもの活動を知らせるといったことを、丁寧にしていきます。なお、保護者からの意見を吸い上げて掲載するなど、双方向の繋がりのある形にすると、教師と保護者が協力して子どもを育てるのだという意識を高めることができ、効果的です。

■耳を傾ける

保護者の不信感や疑問に対して、しっかりと話を聞くことも大事です。攻撃的な態度を取られる場合もあるかもしれません。しかし、まずは話を聞き、誤解や勘違いがあれば、それに対して丁寧な説明を加えると、案外、理解してもらえるものです。また、保護者に「どうせ教師は話を聞いてくれない」「教師は、〜と考えているはずだ」という思い込みがあったとしたら、その思い込みを修正することも期待できます。

私の経験では、担任が、保護者の攻撃的な言い方に感情的になってしまい、投げやりな態度を取ったり、言い訳をしたりしたことで、関係が悪化したという例も少なくありません。苦しい回り道かもしれませんが、話を聞くことの先に理解が待っていると思って、とりあえず言いたいことをグッと飲み込み、耳を傾けてください。

ただ、どうしても対応が難しいと感じる場合は、学年主任や管理職、あるいは、その保護者が少しでも心を開いていると思われる他の職員（部活動担当、養護教諭など）に対応してもらうことも考えます。先に紹介した話は、それが功を奏した例だと言えます（→［ストレスと行動 2］p.82 〜 84）。

担任だから、必ず自分がしなければならないということはないし、相性もありますので、そこは柔軟に考えていいと思います。

＊ 自分の経験や価値観を元に捉えたことを「○○は、こういうものだ」と、過度に一般化してしまう傾向

対応が難しい保護者❷
精神的に不安定な保護者

子ども時代に愛着形成が不十分なまま成長して親になったのではないかと思われる保護者に時々出会います（→［愛着の課題 3］p.150 ～）。人との関係の中での適度な距離を取ることが上手ではないため、教師に過剰に依存してしまうのです。

一方で、「裏切られるのではないか」という“見捨てられ不安”が強く、頼りにしていた人物（教師）が自分の思いに沿わない言動をすると、「やっぱり裏切られた！」と思い込んで傷つき、激しい攻撃に転じるのです。

◎対応のヒント

保護者が愛着の課題を抱えているかどうかを見分けることは難しいことです。特に厳格に育てられた人は、礼儀正しく、最初から攻撃的なわけではないので、わかりにくいと思います。猜疑心を持ちながら保護者と接するのはどうかと思いますが、普段から、そんな人もいるということを頭の隅に置いておくことは、自分を守るためには必要だと思います。関係性の距離に違和感を覚える人、精神的に不安定なところがあるなと感じる人については、少しの緊張感を持って接しておいた方がいいでしょう。

■上手に距離を取る

「見捨てられ不安」があるということは、ある意味では「自分を見捨てない人を求める」ということでもあります。ですから、「この先生なら、信じられる」と思うと、意識的ではなくとも、“特別な繋がり”を求め、差し入れやプレゼントをする等、相手の気を引く行動を取ることがあります。とは言え、他の保護者でも、感謝の気持ちで差し入れしたり、親しく接してきたりする人はいると思います。ですから、そのような保護者の行為全てを拒否する必要はありません。ただ、保護者との間に、ある程度の距離感を保つ意識は持っておいた方がいいと思います。保護者の精神状態が落ち着いていると思われる時に、対応できる時間、頂き物の制限など、できることとできないことがあることを、きちんと伝えるようにしましょう。

■攻撃が始まったら

このタイプの保護者は、「裏切られた！」と感じると、それまでとは一転、学校に押しかけたり、電話をかけたりして、ターゲットである教師の批判や抗議をするようになります。攻撃が始まったら、とにかく、否定せずに、落ち着いた態度で以下のようなことに気をつけて話を聞くようにします。

▪気持ちや感情に、耳を傾ける

悲しい気持ち、腹立たしい気持ちを受け止め、受け取ったことを伝える（「悲しい気持ちになられたのですね」「腹が立たれたのですね」等）。

▪区切りまで話させ、遮らない

教師の言動に対して誤解や取り違えがあると感じたとしても、途中で「それは、誤解です」などと遮らずに、とにかく聞く。

▪復唱、確認、質問をする

聴いてもらっていることを、実感させるために「○○と感じられたのですね」「○○ということですか？」など、しっかり聴いている（聴こうとしている）態度を見せる。

▪伝えたいことは、相手の気持ちが落ち着いてから

話を十分に聴いてもらったと感じると、気持ちが安定し、教師の言うことにも耳を傾けられるようになります。落ち着き具合を見ながら、伝えた方がいいと思うこと（誤解や思い込みに対する訂正など）を伝えるようにします。

例「〜という言葉に立腹されたのですね。そのように受け取られるような言い方をしてしまい、申し訳ありません。私が伝えたかったのは、〜でした」

対応が難しい保護者❸

依存的な保護者

他者依存の傾向が強い保護者です。このタイプの保護者は、難しい問題にぶつかった時に、誰かに答を出してもらうということを繰り返してきたと思われます。それで、自分にはできないことを何とかして欲しいという甘えが、学校への「要望」という形になるのだと考えられます。

具体例を挙げると、「家で勉強をしないので、するように言って欲しい」とか「ゲームの時間について学校で指導して欲しい」など、本来は親がすべきことについて、"要望"をしてくることが多くあります。

また、親自身が、対人関係に課題を抱えている場合も考えられます。周りとの関係がうまくいかないために、通常は、夫婦や保護者仲間で相談し合いながら解決していけるであろうことを、全て教師に相談してくるといったパターンです。

◎対応のヒント

■「できること」と「できないこと」があることを伝える

まず、教師が、学校がすべきことかそうでないかの判断規準*を持っていなければなりません。その上で、その判断基準に沿った理由を添えて、できないことはできないと答えるようにします。

例えば、先に挙げた家庭学習の例に対しては、「家庭学習に関する全体への投げかけはできますが、個々の家庭学習については、それぞれのご家庭の事情もありますので、保護者にお任せするしかありません。親子で話し合いをされたらどうでしょうか」というように、学校の役割と家庭の役割を明確にして伝えるといったことです。

また、学級懇談会などで、その保護者が困っている内容を話題にし、他の保護者と意見交換することを提案するのもいいでしょう。それが、保護者同士の繋がりのきっかけになるかもしれません。

■時間制限、専門スタッフ活用を考える

依存傾向が強い保護者は、相手の都合を考えず、話が長くなる傾向があります。そこで、相談を受けるときには、使える時間をキッチリと提示して話を聞くようにします。時間の切り方については、p.190でも紹介していますので、参考にしてください。

なお、たびたび学校に要望をしてきたり、相談を持ちかけてきたりする保護者の中には、先に触れたように、自分自身が対人関係や心理面に課題を抱えていて、孤立している人もいると考えられます。もしそうであれば、根本の課題を解決しない限り、依存的な傾向は続くでしょうし、子育てにおける困難も大きくなっていくと思われます。「子育てについて相談に乗ってくれるスタッフもいますよ」と、スクールカウンセラー等による相談を勧めてみてもいいでしょう。

＊ 学校で対応ができない内容の規準例として、以下のようなことが考えられます。

- 高額な予算を伴う
- 物理的にできない
- 他の子どもとの平等が保てない
- 基本的に学校でやることではなく、親の仕事

対応が難しい保護者❹

自己中心的な保護者

◎このタイプの保護者の特徴

いわゆる、モンスターペアレント的な保護者です。自己中心的で、自分の子どものことだけを考えた要望や、明らかに対応できないと思われる要望をしてきます。学校に対する否定感が強い、学校をサービス機関のようにしか思っていない、社会的立場が高く教師を下に見ているなど、学校や教師の立場を尊重する気持ちがないのが、このような保護者の特徴です。

自己中心的な保護者は、一般的には通用するような常識で理解を促そうとしても、なかなかうまくいきません。しかし、捉え方を変えれば、常識的でない要求が多いので、逆に常識に沿って対応するとよいとも言えます。

◎対応のヒント

■決まり（法律等）や事実に沿って対応する

私の経験した例を紹介します。

インフルエンザ流行期に、発熱した子どものお迎えをお願いしたところ、父親から折り返しの電話があり以下のように主張されました。

「隣の席の子どもがインフルエンザで休んでいるそうだが、（自分の子どもに罹患させた）学校が、子どもを病院へ連れて行くべきではないか」

この要望に対し、私は、以下のような理由を挙げ、学校側が子どもを病院に連れて行くことが適当ではないと伝えました。

1）インフルエンザは、隔離の必要な感染症に分類されていない

2）流行期には、どこで罹患したかを特定することは難しい

3）発熱時のお迎えについては、毎年、入学時の説明会及び４月の保健便り等でお願いしている

4）子どもたちに予防についての指導をすると共に、家庭へもお便り等でお願いをしてきた

5）多くの子どもを預かっているので、全ての体調不良の子どもを送ることはできない。ただし、迎えが来るまで、休養させることは可能

つまり、感染症に関する決まりや科学的根拠に加え、学校がこれまで講じてきた予防対策の内容と、学校にできる代案を示したのです。

結果的には、母親が子どもを迎えに来たのですが、この例のように、相手の自己中心的な考えに対しては、法的根拠や決まり（上記例1，2，3）を示すことで、相手を説得することができると思います。また、学校が執るべき基本的かつ的確な対策（上記例4）を、日頃から手を抜かずやっておくことが、結果的に身を守ることに繋がると考えます。

■立場の高い人材を活用する

学歴の高い保護者や、社会的地位の高い保護者の中に、学歴や職業を物差しにして、相手の価値を計る人がいます。そのため、自分より学歴の低い教師を見下した物言いをしたり、社会的地位の高い自分の言うことは聞いて当たり前だという発想をしたりするところがあります。

このような人の中には、ペーパー学力は高かったとしても、価値の偏りがあり、社会性やコミュニケーション力に課題を抱えている人がいることも考えられます。そのため、通常なら普通にわかってもらえることを納得してもらうのが、難しい場合があるのです。

そこで、相手の価値に合わせて、少しでも立場が上の人や専門家につなぐようにします。立場が上という点では、学校で言うと、管理職。相談関係では、臨床心理士などの世間的に認められている資格を持っている専門家や大学の心理系の教授。また、苦情処理を得意とする教育委員会所属の職員などが考えられます。

対応が難しい保護者❺

保護者面談時の注意

これまでに挙げたような保護者の対応は、大変難しいものです。一人で抱え込まず、チームで、以下のことに注意して対応するようにしましょう。

◎面談は複数で行う

面談の際は、一人ではなく必ず複数で対応します。特に、精神的に不安定な保護者や攻撃的な保護者は、事実とは違う自分の解釈による被害的なストーリーを作り上げる傾向があり、「あの時〜と言ったはず」と、保護者が受け取ったことが、あたかも真実であるかのように一人歩きすることも少なくありません。ですから、保護者との面談は、一人で対応するのではなく、複数の耳で聞くことが大切なのです。

◎記録を取る

面談の際には、その場で記録を取るようにします。上で述べたように、事実とは違う思い込みが一人歩きしないようにするためです。また、記録を取ることで“しっかりと聞いている”という印象を与えることもできると思います。話を聴く人間、記録をする人間を分けてもいいでしょう。

電話の場合も、相手の話の要旨や、自分がどのように答えたかについて記録をしておきます。攻撃的な保護者は、警察や教育委員会などのさまざまな機関に連絡をすることも多く、その場合、学校に事実確認が行われます。その資料としても使うことができます。

なお、面談や電話の最後には、記録を元に話の内容を確認し、それぞれの理解に食い違いがないようにすることが大事です。

◎録音による記録を提案する

理不尽な要求をしてくる保護者に対しては、「考えをよく聞き、適切に対応するため」と理由を伝え、許可を得て面接内容を録音することも考えます。先にも挙げたように、このような保護者は要求が通らないからと、あちらこちらに訴えることがあり、音声記録は、文字の記録より、さらに正確な資料になるからです。また、要求が通らないことで、感情が高ぶり、暴力的な言動に繋がっていくのを抑止する効果も期待できます。

◎時間を決める

一般的に、感情的になりやすい攻撃的な保護者の話は長いという特徴があり、時間を取られます。ですから、最初に、何時までなら OK など、面接（電話）の時間を言っておくようにします。そして、約束の時間が近づいてきたら、「そろそろ時間になりますが…」と、受け取った内容を伝え、他に付け加えがないかを確認します。それでも、長引きそうなときには、時間になったら内線電話をかけてもらうとか、放送で呼び出してもらう等、事前に同僚に頼んでおくといいでしょう。

◎相性の合う人が対応する

自分が担任している子どもの保護者だからと言って、必ず担任が対応しなければならない訳ではありません。管理職や学年主任などの保護者が「ちょっと偉い」と認識している人が話を聞くと、「“上の人”が、聞いてくれた」という保護者の満足感に繋がります。

また、養護教諭や教育相談担当などが話を聞くことで、「専門家に聞いてもらえた」という安心を与えることもできるでしょう。何より、それらの職員は、それなりの経験を積んできているので、対応の仕方も心得ています。「自分がしなければ」と拘らず、ぜひ、そのような立場の人間を頼ってください。

◎専門家・専門機関につなぐ

なお、特に愛着の課題を抱えた保護者への対応は、大変難しく、最終的には、専門家・専門機関に委ねるようにもっていった方がいいと考えます。ほとんどの保護者の訴えは、自分の子どもの指導についての不満だと思われます。そこで、「子どもさんが、何に困っているかを理解したいので」とか「子どもさんが悲しまないような対応を教えてもらいたいので」というような理由付けをして、まずは、子どものカウンセリングを設定します。

その後、子どもが受けた相談結果の報告を保護者に話す必要があるということにして、親自身の課題を解決するためのカウンセリングやSSW等の専門家の面談を設定します。そして、保護者自身の課題解決を図るように持っていくことで、子どもの問題もよい方向に向かうと考えます。

◎職員間で共通理解をする

対応の難しい保護者がいることは、機会を設けて全体で共有しておきます。別にひるむ必要はありませんが、例えばたまたま電話を取った時や、急な来校があった時に、それなりの心構えで対応ができるからです。また、自分が、そのような保護者の子どもを担任した時も、どのような人物か、どのように接してきたかを知っておくことで、それなりの対応ができ、少しでもイヤな思いをすることを減らせると思います。

保護者への連絡

忘れものが多い。友だちとケンカをした。授業中に立ち歩く等々、子どもに問題行動が見られるとき、家庭連絡をすることがあると思います。しかし、連絡の仕方によっては、却って子どもの問題行動を増やす場合があります。私の経験した例を元に考えてみたいと思います。

A君は、小学校の低学年の時に発達障害の診断を受けました。授業中に教室を飛び出したり、思い通りにいかないと暴れたりすることがあり、時には友だちに手を出すことも。6年生になって、低学年の頃と比べると随分落ち着いてきたA君ですが、それでも、まだ、友だちとのトラブルや授業中の立ち歩きなどは残っていました。6年生で新しく担任になった教師は、卒業までに少しでも不適切な行動を減らし、中学校に送り出したいと考え、学校での様子を逐一連絡帳で保護者に知らせました。しかし、A君の問題行動は、一向に減らず、逆に増えていきました。

なぜ、A君の行動は、改善されなかったのでしょうか。

◎連絡を受けて保護者が感じること

学校でのトラブルについて連絡があったとき、保護者はどのように感じるでしょう。以下のような思考の流れになるのではないでしょうか。

- 子どもが、学校から連絡があるくらいの問題を起こしている

　　↓

- うちの子どもはダメな子だ。親として何とかしなければ

　　↓

- ちゃんとやるように言いきかせなければならない

A君の保護者の場合が、そうでした。そして、「言いきかせる」が、言葉ではなく、体罰の形になっていたのです。両親のA君への体罰は、幼少

期から行われており、Ａ君の行動を矯正するための“有効な手段”として、両親の“躾”のスタイルになっていたようです。そして、それが、6年生なってからの学校からの家庭連絡によりさらにエスカレートしたのではないかと推察されました。そこで、私は、「誰かにけがをさせたなど、相手との関係で配慮が必要な時以外、悪いことは、できるだけ知らせず、できたことを知らせるようにしたらどうか」と、担任に提案しました。

担任は、戸惑いを見せながらも、それを実行します。また、加えて「学校では、このようにしたいと思います。家庭ではこうしたらどうでしょうか」と、保護者と話し合いながら、Ａ君への支援を進めて行きました。その後、Ａ君は落ち着きを見せるようになり、無事卒業していきました。

Ａ君の事例や、その他の経験を通して、私が保護者への連絡について考えていることを、以下にまとめます。

◎保護者に、何を連絡すべきか

例えば、何度注意しても授業中に立ち歩く子どもがいたとします。それを、家庭に知らせたとして、学校で起きていることについて、保護者にできることがあるでしょうか。学校に来て見張ってもらう訳にもいきません。担任としては「言いきかせて欲しい」というところでしょうが、その前に、その子がなぜ立ち歩くのかを考え、学校でできる対応を工夫するのが先であり、教師の仕事です（→［不適切な行動 1］p.25 〜）。

Ａ君の事例で説明したとおり、子どものマイナス面を家庭連絡すると、保護者は責任を感じ、何とかしようと考え、「なぜできないのだ」「ダメじゃないか」と、子どもを否定する言葉かけをしがちです。学校でも否定され家庭でも否定されると、子どもは、やる気をなくして、却ってマイナス行動が増えると考えられます。特にＡ君の例のように、罰として暴力や暴言で制止しようとすると、それを回避するために一時的に不適切な行動をやめることはあっても、自分自身で良し悪しを考え行動できるようにはなりません。また、Ａ君が荒れたように、暴力や暴言による心への影響の方が大きいのです。

では、逆に、子どものプラス面を保護者に知らせた場合は、どうでしょうか。親の子どもへの声かけは、「よく頑張ったね」「すごいね」というプラスのものになるでしょう。そのことにより、子どもはさらに頑張ろうと思えるし、それにつられ、できないことに関しても頑張ろうという気持ちが湧いてくるのではないでしょうか。

できない部分は、学校で工夫して支援し、成功体験を増やす。そして、できたことを保護者に連絡する。保護者は、できた部分を誉め、子どもをプラス評価するという循環を作ることが大切だと思うのです。

◎保護者と共に育てるために連絡をする

とは言え、そう簡単に改善できない言動もあるでしょう。その点についても、A君の対応の中に、ヒントがありました。それは、子どもの学校での様子を、学校から一方的に知らせるのではなく、学校と家庭が連絡を取り合う形で、足並みを揃えて支援にあたるということです。

例えば、授業中の立ち歩きがあるため、10分間は座って作業をするという目標を立てたとしましょう。そのことを、家庭にも知らせます。そして、学校では、P.27～29で紹介したような工夫をしながら、席に着いてする作業を10分間続けられるよう支援します。同時に、家庭でも10分間座って宿題をすることに取り組みます。そして、学校でも家庭でも、出来たことを認める声かけをし、両者(本人も含む)で話し合いながら次の目標を作ります。また、効果があった支援方法については、学校と家庭で共有し、その後の支援に生かしていきます。

いかがでしょうか。このように進めて行けば、「家庭連絡」は、一方的なお知らせではなく、共通理解を促し子どもの頑張りを支援するための有効な手段となり得るのではないでしょうか。

教師や親は、子どものマイナス面を指摘して矯正しようとしがちです。しかし、その効果は薄いと考えます。それよりも、子どもの出来る部分をみつけ、両者が足並みを揃えてそれを伸ばしていく具体的な支援を行うこと。そして、僅かな前進でも、しっかりと認めていくことが、子どもに自信を与え、健全な成長を促すと思います。私は、A君の事例やこれまでに出会ったいくつかの事例を通して、それを確信しているのです。

Ⅳ 教師の姿勢

私は、養護教諭として、あるいは教育相談担当として、［Ⅰ］［Ⅱ］で取り上げたような学校の中で困っている子どもやその保護者と関わってきました。

また、そのような個々への対応を通して、各担任の子どもへの接し方や学級経営を外から見る機会も得てきました。そういう意味では、管理職の次に学校全体を把握しているのが、養護教諭ではないかと思ったりもしています。

基本的に教師は真面目です。どの教師も、子どものためにと日々頑張っていることは間違いありません。しかし、よかれと思って行っている指導が、逆に子どもや親を苦しめる結果になってしまう事例を見ることも少なからずありました。一方で、子どもたちに笑顔があふれ、どの子どもも〝いきいきと活動する〟学級集団を見ることもありました。

また、それまでなかなか活躍できなかった子どもや失敗の多かった子どもが、一人の教師との出会いをきっかけに、自分のよさを生かし成長する姿に驚かされる経験もしてきました。

どの教師も同じように「子どものために」と頑張っているはずなのに、なぜこのような結果の違いが起きてしまうのでしょうか。そこには、ある意味での「教師の姿勢」が影響しているのかもしれません。この「教師の姿勢」について、いくつかの視点を通して考えてみたいと思います。

無意識の指導

以前、小学校高学年の子どもが低学年の弟を叱っている時に、その口ぶりがその子どもの担任にそっくりで、思わず笑ってしまったことがあります。

子どもたちは、日々接している教師の言動を見聞きして、無意識にそれを取り込んでいきます。このような、教育課程で決められた学習内容ではなく、子どもが学校生活の中で無意識の内に学ぶ教育効果のことをヒドゥンカリキュラム（隠れたカリキュラム）と言います。上に挙げた子どもは、日々耳にする担任の叱り方を知らず知らずの内に学び、それを再現していたのでしょう。

学級それぞれのカラーも、このヒドゥンカリキュラムにより作られていると言えます。例えば、教室の整理整頓のような物理的な環境から、日々の挨拶やしゃべり方といった人と接する態度、人権意識に至るまで、教師の言動が、子どもたちの価値や習慣に影響を与えるのです。

教師が無意識に作っているこのヒドゥンカリキュラム。これがどのようなものかで、子ども集団は良くも悪くもなると考えます。

◎マイナス効果のヒドゥンカリキュラム

友だちから年下のように扱われている子どもはいないでしょうか。いたとしたら、その子どもは、何故そんな扱いをされるのでしょう。もしかしたら、教師自身が、その子どもを他の子どもより下に見たような扱いをしていないでしょうか（他の子どもの名前は「さん」付けなのに、その子だけ「ちゃん」付けにしたり、幼児に対するような扱いをしたりするなど）。もしそうであれば、子どもたちは、ヒドゥンカリキュラムとして、教師のその子どもへの扱いを学んでいるのかもしれません。

クラスの中で、人の失敗を笑う、学力の低い子どもを馬鹿にする等のマイナスの言動が目立つ、学級全体の人間関係がギスギスしている、何となく落ち着かないといった時にも、マイナスのヒドゥンカリキュラムが働いている可能性があります。教師自身が、以下のような言動をしていないか自分の言動を点検してみる必要があるでしょう。

▪決めつけてものを言う▪できないことを馬鹿にする▪一部の子どもばかりに役目を与える▪性差に関係ないところで男子と女子を分ける▪子どもの前で、親や他の先生の悪口を言う▪子どもに皮肉を言う▪自分が言ったことに責任を取らない▪言い訳をする　等

◎プラスの効果を意図的に与える

ヒドゥンカリキュラムは、マイナス効果だけではなく、もちろんプラスの効果も発揮します。まずは、教師側に、先に挙げたマイナスの言動がないことが一番です。また、もし、子どもにマイナスの言動があったら、それを許さない教師の姿勢を見せることも大切です。その上で、以下のようなことを意識するとよいでしょう。

▪失敗を許し、次に役立てるようにアドバイスする▪自分（教師）に否があるときには、それを認める▪子どものそれぞれのよさを見つけ、それを伝える▪活動が一部の子どもに偏らないように配慮する▪性差がない部分では、男女で区別しない　等

また、物理的な環境を整えることも大切です。私の経験では、落ち着きがなく荒れたクラスは、高い確率で教室の中が雑然としていました。1990年代のニューヨークで、犯罪を減らすのに、地下鉄の落書きを消すなどの環境整備を行ったところ、犯罪率が減ったというのは、有名な話です*。環境が人に与える影響も頭に入れておきたいと思います。

＊「割れ窓理論」：小さな不具合を放置すると、それが全体に広がっていくという環境犯罪学上の理論。環境を、物理的なものだけでなく、小さな不正行為も含めて捉えている。

子どもを叱る時

子どもを叱ったことがないという教師はいないでしょう。ただ、それが効果的に働くこともあれば、叱り方によっては、全く効果がなかったり、逆効果になったりすることもあります。自分がどんな時に子どもを叱るのか、また、どのような叱り方をしているのか、自分をモニターするように、時には客観的な視線でふり返ってみる必要があるでしょう。

◎どんな時に叱るのか

「叱る」の類義語に、「怒る（おこる）」があります。二つの言葉には、どんな違いがあるのでしょう。「怒る」は、「いかる」とも読み、腹を立てるという意味も持っています。つまり、「怒る」は感情を表す言葉でもあって、どちらかと言うとマイナスイメージが伴います。だから、私は、意識的に「叱る」という言葉を使ってきました。

しかし、その一方で、「人は、こんな時に怒るのだ」ということを、子どもが知ることも大事だと思ってきました。保健室では、ケンカなど、トラブルの対応をすることが少なからずあって、その際、保健室で担任による指導が行われることも多くあります。その様子を見ていて、子どもたちがその経験を通し、人の嫌がる言動が相手を怒らせ、それがトラブルに繋がるということを学んでいると感じてきたからです。

しかし、大人、特に教師が子どもを叱る時には、怒りの感情をそのまま子どもに向けることは適当ではないと考えています。それは、これまで、学校現場で、教師が感情的な叱り方をしても、それで子どもが心から納得することはないという事実を見てきたからです。教師が子どもを叱るのは、教師自身の腹立ちをぶつけるためではなく、あくまで、子どもの成長を促すためのものであるべきです。つまり、納得させ、教え導くといった意味合いを持つ「諭す」に近いものでなければならないと思っています。

◎どのように叱るのか

■大切なのは、声の大きさではない

学校で、子どもに不適切な言動がある時に、教師が大きな声で叱る場面に時々出会います。また、そのことで子どもたちが言うことをきくということも多々あります。しかし、それは一時的な効果であり、子どもの納得を促し、自分の行動を変える方向に意識が向くかと言うと、そうではありません。それどころか、大きな声で威圧しないと行動できないようになってしまいます。

また、中には、家庭で常に大きな声で威圧的に叱られている子どももいます。そのような子どもへの大きな声での叱責は、心へのマイナス影響が大きいと考えられます。大切なのは、声の大きさではなく、教師側の毅然とした態度であり、説得力のある言葉なのです。

■行動を否定しても、存在や人間性を否定しない

アンガーマネジメントでも少し触れましたが (→p.18)、子どもを叱る時、腹立ちまぎれに以下のような言葉を投げかけていないでしょうか。

「君は、いつもそうだ」「またか。何度言ったらわかるんだ。頭悪いな」「だから、君はダメなんだよ」「どうしようもないやつだ」「そんなことじゃ、友だちがいなくなるよ」

私自身の中学生時代の話ですが、友だちをかばって教師に反抗した時、その教師から「あなたは、チビのくせに口だけは達者」と言われたことを40 年以上経った今でも覚えています。教師として言語道断の、昔だから許された発言ですし、このような人格を傷つけるような言葉は、何十年経っても子どもの心に残るものです。

先にも触れたように、子どもの成長を促すことが叱ることの目的だという視点に立てば、子どもがしてしまった不適切な言動の問題点を上手に指摘し、どうしたらいいかを考えさせることが重要だということは明らかです。その子自身の存在や人間性を否定してしまっては、前向きに行動を見直そうという気持ちには、まずならないでしょう。

■人前で叱ることの良し悪し

子どもを叱る時、基本的には、他の子どもたちの前では注意を促すだけにして、その後、個別に落ち着いて話せる場所で話すようにします。度々叱られる子どもは、前項で取り上げたように、周りの子どもたちの中に「ダメな子どもだ」というイメージが植え付けられ、そのことで、さらに不適切な行動を増やしてしまうことが考えられるからです。また、クラス全体の前で叱られると、その子どもが周りの目を気にして自分の言いたいことを言えない、あるいは、逆に意地を張って素直に否を認めない場合もあると思われます。

ただ、クラス全体の問題と思われる内容や全体で検討したい問題については、意図的にクラスの子どもたちを巻き込んで考えさせるということもあっていいと思います。

なお、子どもを取り出して別の場所で指導する時には、できるだけ、保健室など他の職員の目が届くところで話すことをお勧めします。人目があると、自分自身が感情的になるのを自制したり、人権的に不適切な言動を子どもに向けることを避けたりすることができると思うからです。

特性の診断

子どもの発達の特性をみるために、保護者と相談の上、専門機関*[1]で検査を受けてもらうことがあります。地域によって多少の差はあると思いますが、検査後は、保護者が結果についての説明を受け、その後、学校に専門機関からの結果報告を提出してもらうというのが、おおよその流れだと思います。

依頼先である専門機関では、WISC- Ⅳ（ウィスク・フォー）*[2]という検査がよく使用されます。しかし、WISC- Ⅳという名前は知っているけれど、実際に、どんな検査なのか、検査結果をどう見ていいのかわからないという方も多いのではないでしょうか。また、この検査を、「発達障害の診断をするための検査」と認識している方も少なくないと思います。そこで、簡単に、専門機関で行う検査と発達障害の診断について、少し説明をしたいと思います。

WISC- Ⅳは、知能検査の一つで、その子どもが、その年齢において、どの知的水準にいるかを測定する検査です。また、この検査では知的能力が四つの指標に分けられており、そのバランスを見ることで、子どもの「得意な力」と「苦手な力」を知ることができます。発達障害が疑われる子どもは、この「得意な力」と「苦手な力」に大きな差がみられることがあるので、そのバランスが、発達の問題があるかどうかの一つの判断材料になります。

しかし、［Ⅰ］でも触れたように、発達障害のある子どもには、他に感覚過敏や行動面の特性などがみられます。ですから、その他の心理検査や生育歴、行動観察などを総合して、医師が発達障害の有無を診断するのであって、WISC- Ⅳの結果だけで決まるものではありません。

◎決めつけや言い訳になっていないか

発達の課題が疑われる対応の難しい子どもがいる時、教師の会話の中で、「あの子は持っている」「早く専門機関に行ってもらうべきだ」という発言を聞くことがあります。その発言の中には、対応が難しい＝発達障害があるという決めつけや、それに対して「専門機関に行けば何らかの診断がつき、“治療”をしてもらえる」「他の誰かが解決してくれる」といった期待感のようなものが隠れていると感じます。確かに、病院での正式な診断の結果、服薬の指示が出る場合もあり、服薬により、衝動性や興奮を抑えたり、気持ちを安定させたりすることはできます。しかし、発達の課題を抱えている子どもへの対応は、あくまで、日々の生活の中で、その特性に沿った指導をしたり環境を整えたりすることにこそ、大きな効果があると思います。

また、発達障害の診断が出ている子どもの対応がうまくいかない時に、「障害だから仕方がない」といった趣旨の発言を聞くこともあります。しかし、診断が出ていようが出ていまいが、子どもそれぞれの個性に沿った指導を行うのが教師の役割であり、仕事です。弱音を吐きたくなる気持ちも、よくわかりますが、［Ⅰ］で紹介したような工夫をすることで、子どもの困り感（それが、教師の困り感に繋がっている）は、少しずつ解消されていくはずです。子どもが検査を受け、その結果を知ることができたのであれば、是非、その結果に沿って子どもの特徴に合った指導を工夫してみてください。

◎検査結果を生かす

専門機関での検査は、診断名をつけてもらうためではなく、日々の指導を、どのように工夫すればいいかを考えるためのものです。最初に触れましたが、多くの専門機関でWISC-Ⅳの検査が行われていますので、WISC-Ⅳの各指標の意味と、結果に沿った対応について少し触れておこうと思います。

WISC-Ⅳでは、全体的な知的発達水準[*3]をみるだけではなく、以下の

４つの指標から得意・不得意を知ることができます。

- 言語理解指標：言語概念形成　言語による推理力・思考力　言語による習得知識
- 知覚推理指標：非言語による推理・思考力　空間認知　視覚と運動の協応動作能力
- ワーキングメモリー指標：聴覚的な短期記憶　注意・集中
- 処理速度指標：視覚刺激の速く正確な処理　視覚的な短期記憶　筆記技能、視覚と運動の協応（目でみて書く力）

専門機関から送られてくる検査結果には、これらのバランス等からみた子どもの特性に関する結果だけではなく、その特性に合った対応についても書かれていると思います。例えば、知覚推理の力が弱い子どもには「視覚情報を言葉に置き換えて説明すると理解しやすい」、ワーキングメモリーの力が弱い子どもには「指示を短く切って説明した方がいい」といったことです。

学校は、それらのアドバイスに沿って、校内の専門家（特別支援学級担任等の専門性を持つ職員）と相談しながら、具体的な支援内容を検討します。また、もっと専門的なアドバイスが欲しいという時には、専門機関に直接出向きアドバイスを受けてもいいでしょう。

大切なのは、みんな同じ認知の仕方で情報を捉えたり、処理したりしている訳ではないということを、まずは教師が理解することです。そのことで、子どもそれぞれの個性に合わせた指導法が見えてくると思います。

＊1　発達に関することを専門とする医療機関、教育委員会が設けている教育相談に関する機関など
＊2　デビッド・ウェクスラーによって開発された児童用知能検査（適応年齢５～16歳）。2020年度内に、WISC-Ⅴが刊行される予定。
＊3　４つの指標の評価点から合成して算出される

■参考文献、資料

1. 泉薫子著『お母さん精神科医の育児クリニック』集英社
2. エリザベス=バークレイ・パトリシア=クロス・クレア=メジャー著　安永悟監訳『協同学習の技法　大学教育の手引き』ナカニシヤ出版
3. NHK スペシャル取材班『発達障害を生きる』集英社
4. 遠藤辰雄著　井上祥治、蘭千壽編『セルフエスティームの心理学』
5. 岡田尊司著『発達障害と呼ばないで』幻冬舎
6. 岡田尊司著『愛着障害 子ども時代を引きずる人々』光文社新書
7. 岡田尊司著『愛着障害の克服』光文社新書
8. 岡田尊司著『愛着アプローチ』角川選書
9. 上條晴夫、古角好美、澤栄美、柴﨑卓巳子編著『協同学習で保健の授業づくり (健康教室 2019 年 10 月臨時増刊号)』東山書房
10. キャスリーン・ナドー＆ エレン・ディクソン著　水野薫、内山登紀夫、吉田朋子監訳『きみもきっとうまくいく　子どものための ADHD ワークブック』東京書籍
11. 佐々木圭一著『伝え方が 9 割』ダイヤモンド社
12. ジョージ･ジェイコブス、マイケル･パワー、ロー･ワン･イン著　関田一彦監訳『先生のためのアイディアブック　- 協同学習の基本原則とテクニック -』日本協同学習学会
13. 杉山登志郎著『発達障害の子ども達』講談社現代新書
14. 杉山登志郎著『発達障害の今』講談現代新書
15. 杉江修治編著『協同学習がつくるアクティブラーニング』明治図書出版
16. 鈴木眞理著『乙女心と拒食症　やせは心の安全地帯』インターメディカル
17. 鳥居深雪著『脳からわかる発達障害』中央法規
18. 関根眞一著『となりのクレーマー』中公新書ラクレ
19. ナサニエル・ブランデン著『自信を育てる心理学』春秋社
20. 服部陵子著『自閉症スペクトラム家族が語るわが子の成長と生きづらさ』明石書店
21. 林直樹監修『リストカット・自傷行為のことがよくわかる本』講談社
22. 日野原重明監修　堀田眞著『内科医にできる摂食障害の診断と治療』三輪書房
23. フランシス・ジェンセン博士、エイミー・エリス・ナット著　渡辺久子解説『10 代の脳』文藝春秋
24. 本田恵子著『キレやすい子の理解と対応　学校でのアンガーマネージメントプログラム』本の森出版

25. 本田恵子著『キレやすい子へのソーシャルスキル教育　教室でできるワーク集と実践例』ほんの森出版
26. 宮口幸治著『ケーキの切れない非行少年たち』新潮新書
27. 村瀬幸浩編著『ニュー・セクソロジーノート』東山書房
28. 諸富祥彦監修　大谷直子著『自己表現ワークシート』図書文化社
29. 安永悟著『活動性を高める授業づくり　協同学習のすすめ』医学書院
30. 山本浩、池田聡子著『できる！をのばす行動と学習の支援』日本標準
31. 五十嵐哲也、萩原久子「中学生の不登校傾向と幼少期の父親及び母親への愛着の関連」『教育心理学研究』2004,52 264-276
32.『月刊学校教育相談』2018 年９月号　ほんの森出版
33.『健康教室増刊号 2014 年 7 月増刊　養護教諭のための教育実践に役立つ Q&A 集 V』東山書房
34. JKYB ライフスキル教育研究会（代表　川畑徹朗）編『第 25 回 JKYB ライフスキル教育・健康教育ワークショップ報告書』
35.「第 40 回国際学校心理士会東京大会研修会５心理アセスメント（大六一志）資料」
36.「第 49 回 WISC- Ⅳ知能検査講習会講義資料」日本版 WISC- Ⅳ刊行委員会　日本文化社
37.「小児摂食障害サポートパンフ」日本小児心身医学会　摂食障害ワーキンググループ
38.「子どもの成長障害 その早期発見のために」ファイザー

◎おわりに

ある講演会で聞いた話です。

アメリカのディズニーランドで働きたいという夢を持つ女子高校生がいました。それに対し、教師をはじめ周りの大人は「英語もほとんど話せないのに、そんな夢みたいなことが叶うわけがない。現実を見てちゃんと勉強しなさい」と諭します。そんな中、一人の人物がディズニーランドで働く知人を彼女に紹介。展開は変わります。彼女は知人のアドバイスを元に英語や入社に必要なことを懸命に学び続け、難関を突破。現在、ディズニーランドで働いているというのです。

講演会の講師は、この話の結びとして、参加者に以下のような投げかけをしました。「(教師や親は) 自分で経験したこともないのに、何を根拠に『それは無理だ』と、言えるのか」

さて、あなたなら、子どもがアメリカのディズニーランドで働きたいと言ってきたら、どう反応しますか？先の例のように、叶うかどうかわからないものより現実的な方向を向くよう説得するという人も多いのではないでしょうか。

教師や親の多くは、「善意を持って」あるいは「幸せに繋がると信じて」子どもを自分の考える ” 正しい形 “ に近づけようとしがちです。それが、良い方向に働くこともあるでしょう。しかし、それぞれの個性や思いに沿わない「善意」に息苦しさを感じ、不適応や問題行動を起こす子どもも少なくありません。そのような子どもたちへの対応で抱える教師の「困り感」は、実は教師自身が作りだしている可能性があるのです。

本書の冒頭で「対応のベースとして、共通のものがある」と述べました。全体を読んでみて、どのように感じられたでしょうか。私は、効果的な対応のベースには、まず、教師の子どもに向ける「温かな眼差し」が必要だと考えています。少し具体的に言うと、教師には、子どもそれぞれに個性があることの認識、そして、多様性を認め成長を支える姿勢が、まずは必要だと思っているのです。

また、その上で大切となるのが、実践の中での「省察」と、それに続く

「学びの継続」だと考えています。本文で紹介したように、同じ不登校でも、その原因は様々です。ですから、不登校の子どもへの対応を一度経験したから、その方法が全ての不登校の子どもにマッチするかというと、そうではありません。人や背景が変われば、方法も変える必要があるのです。つまり、子どもの成長を支援するプロとしての自覚を持ち、経験の中で、「どうして？」「これで良かったのだろうか？」「では、こうしてみよう」と省察を続けること。そして、それを解決する理論や方法を学び続けることが必要だと思うのです。

ところで、先日たまたま書店で見つけた本で「一部の子どもだけを『気にする』のはおかしい。全ての子どもを気にするべきだ」との主張を目にしました。しっかりと子どもに目を向けて欲しいという意見であったかと思います。もっともな意見だと思いつつ、本書では、タイトルをあえて「気になるあの子」としました。全ての子どもに目を向けることを大前提とした上で、特に困っている子どもにスポットを当て、しっかりと対応していただきたいという思いからです。

教師の多くが、心配していた子どもが立派に成長した姿を見せてくれたという経験を持っていると思います。私は、いくつかのそのような経験から「子どもは、その子なりのペースで、必ず成長する」と確信しています。子どもの成長した姿を見るのは、教師の大きな喜びです。どうぞ、目の前にいる子どもの成長を信じて支援してください。この本が、その一助になれるならば、うれしく思います。

最後に、本を書くことを勧めてくださった熊本大学教職大学院准教授の前田康裕先生、執筆にあたり常に励ましと適切なアドバイスをくださったさくら社の良知令子さんに、心より感謝を申し上げます。また、これまで出会った子どもたちにも「出会いをありがとう。いつも、応援しているよ」と伝えたいと思います。

2020年4月7日

澤 栄美

著者紹介

澤 栄美（さわ えみ）

昭和 33 年生まれ。国立熊本病院附属看護学校卒業・熊本大学養護教諭特別別科修了。昭和 56 年 4 月より 38 年間、熊本県及び熊本市の養護教諭として小中学校に勤務。熊本市養護教諭会会長等の役職を歴任し、平成 31 年 3 月定年退職。現在、熊本市市立学校養護教諭初任者研修指導講師。日本学校心理士会熊本支部副支部長。
平成 25 年文部科学大臣優秀教職員表彰の他、教育、学校保健分野での表彰多数。
日本学校心理士会熊本支部、JKYB ライフスキル教育研究会、日本協同教育学会所属。
養護教諭一級・看護師の免許と学校心理士資格を有する。
著書に『養護教諭のためのパソコン活用法』大修館書店、熊本日日新聞「こころノート」連載（平成 17 年 3 月～令和 2 年 2 月・年 4 回）、「子どもが主役の保健授業」『健康教室』東山書房（平成 30 年 4 月～平成 31 年 3 月）、「協同学習で保健の授業作り」『健康教室 2019 年 10 月臨時増刊号』（編著（共著））等のほか、『小一教育技術』『小五・小六教育技術』小学館にて学級経営に関わる共同連載の中で、養護教諭の視点から学級経営へのヒントを執筆。
「ほけんしつの先生」https://emi-s-room-2020-4.com
「ほけんしつの先生」の視点で、思いや意見を発信しています。

イラスト：畠山きょうこ
ブックデザイン：佐藤 博

保健室の先生に聞く
気になるあの子、気になるあのこと

2020 年 5 月 12 日　初版発行
2021 年 3 月 25 日　3 刷発行

著　者　澤　栄美
発行者　横山験也
発行所　株式会社さくら社
〒 101-0051　東京都千代田区神田神保町 2-20 ワカヤギビル 507 号
TEL：03-6272-6715 ／ FAX：03-6272-6716
https://www.sakura-sha.jp　郵便振替 00170-2-361913

印刷・製本　中央精版印刷株式会社

ISBN978-4-908983-41-2 C0037